现代搏击入门丛书

# 跆拳道运动入门

王智慧　编著

人民体育出版社

图书在版编目（CIP）数据

跆拳道运动入门 / 王智慧编著. -- 北京 : 人民体育出版社, 2009 (2022.7重印)
（现代搏击入门丛书）
ISBN 978-7-5009-3544-5

Ⅰ. ①跆… Ⅱ. ①王… Ⅲ. ①跆拳道—基本知识 Ⅳ. ①G886.9

中国版本图书馆CIP数据核字(2008)第170394号

*

人民体育出版社出版发行
北京建宏印刷有限公司印刷
新华书店经销

*

850×1168 32开本 6.25印张 139千字
2009年8月第1版 2022年7月第5次印刷
印数：10,001—11,000册

*

ISBN 978-7-5009-3544-5
定价：31.00元

社址：北京市东城区体育馆路8号（天坛公园东门）
电话：67151482（发行部） 邮编：100061
传真：67151483 邮购：67118491
网址：www.psphpress.com
（购买本社图书，如遇有缺损页可与邮购部联系）

# 出版说明

随着社会文明程度的不断提高，搏击运动这种集强身健体、磨炼意志、陶冶情操、防身抗暴于一体的对抗性体育运动形式，正以其独特的风格，越来越广泛地引起世人的瞩目。

《现代搏击入门丛书》是专门为广大青少年搏击爱好者所设计的入门级图书。考虑到广大搏击爱好者的不同需求，我们收录了具有代表性的散打、跆拳道、截拳道、泰拳、拳击、柔道、空手道、合气道、中国式摔跤等九个现代较为热门的搏击项目。从这九个现代热门的搏击项目当中，广大搏击爱好者可以看到各个项目的精妙技法，领略到各具特色的搏击风格，还可以根据丛书中的动作图示进行系统的学习和训练。

本套丛书的作者都是专门从事各个项目的专业教练、专业教师。他们有极其丰富的教学经验，通过看他们的图书，能够使读者尽快地掌握各个项目的精妙绝技，从而跨入现代搏击的大门。

# 目 录

# 第一章 概 述

跆拳道（TAEKWONDO）是起源于朝鲜半岛的搏击运动，是朝鲜民族在生产和生活实践中发展起来的一项运用手、脚技术和身体能力进行自身修炼和搏击格斗的传统体育项目。跆拳道在朝鲜民族史上已经有3000多年的历史了，深受人民的喜爱，被称为国技。

"跆拳道"这个词的字面意思就是"踢与拳法的武艺"。"跆"（TAE=跆）意思是脚踢；"拳"（KWON）意思是指用拳击打；"道"（DO）是指方法、技艺和道理；同时道也是一种文化，一种学问。由此可见，跆拳道是以脚为主，以手为辅，手脚并用，内练精神气质，外练搏击格斗的武道。今天的跆拳道可分为传统跆拳道和现代竞技跆拳道两大类。传统跆拳道内容主要包括品势、搏击、功力检测三个部分，传统跆拳道的品势，相当于我们中国武术中的套路，共有二十四套统一的架型；搏击格斗仍然保留着一些传统的技法，比如拳技、擒拿、摔锁等；功力主要包括威力表演和特技两部分。现代跆拳道是随着时代的进步和竞技体育的发展而衍生的，这也就是我们所说的竞技跆拳道。即在一定的规则限制下，互以对方技击动作为转移，以切磋技艺、增进友谊、提高竞技水平为目的的对抗性体育竞赛项目。它具有高度的攻防实战性和激烈的对抗性，吸取了传统跆拳道的精华，进一步突出了跆拳道善于用腿技的特点，使跆拳道的技击格斗性质在体育运动中得到完美体现。

跆拳道运动具有典型的东方文化色彩。它不仅是一项具备较强攻击力的运动项目，还是一种形体艺术和行之有效地强身健体的方法。跆拳道的本身还蕴涵着一种深层的精神追求和理念，首要的就是以修心养性为核心，培养强烈的爱国热情和为正义而献身的崇高精神。道，是一种方法、途径、技艺、精神，更表现为一种道理道德和礼仪，同时它也是民族精神的体现。练习者须具备勇猛善战、敢打敢拼的精神品质，坚韧不拔、拼搏向上的精神气概。学习的过程中，不仅要学习跆拳道的技击技术，更要注重对跆拳道礼仪、道德修养的学习和遵从。每一次练习都要求“以礼始、以礼终”，培养人忍耐、谦虚和坚韧不拔的精神。

跆拳道的精神对青少年有着积极的教育意义。学习跆拳道可以内修精神、性情，外修技术、身体，培养常人难以达到的意志品质和忍让谦恭的美德。因此这项内外双修、精神气质与技击技术全面发展的体育运动深受广大青少年的喜爱。至今，跆拳道已成为世界上发展最快的体育项目之一，并已成为奥运会比赛项目。

## 第一节 跆拳道简史

跆拳道古称为“跆跟”“花郎道”，是起源于古代朝鲜的民间武艺，在几千年朝鲜文化的熏陶下，有着鲜明的民族特色。

### 一、原始跆拳道的起源

在原始社会时期，朝鲜民族大部分过着以农耕为主，狩猎为辅的生活。为了获取食物和抗击外来侵略，在生产生活和御敌的实践中，人们逐渐发明了一些既能够锻炼身体又能够御敌自卫的技术。古代跆拳道的雏形正是在这种环境下孕育而生的。经过不断的发展和完善，这些技术由一种本能的自卫活动演化为有目的、有意识的技击运动，除了用于御敌和狩猎外，也用于参加祭祀和展示力量的斗技大会。古代跆拳道就这样在实践中不断地得到补充和改进，成为一种有目的、有意识的格斗运动。

## 二、朝鲜三国时的跆拳道

朝鲜半岛的三国时代大约开始于公元前 1 世纪，是高句丽、新罗和百济三国并存的时期。高句丽在朝鲜半岛的北部，新罗在东南部，百济在西南部。为了争夺领土，三国之间战争不断，纷争四起，社会基本处于战乱连绵、动荡不安的状态，因而三国均重视技击术的修炼。在这一时期出现了“跆跟”“手搏”等格斗技艺，这些格斗技术就是今天的跆拳道雏形。据朝鲜古代文献《三国史记》中记载的 87 人列传里，武士就有 60 人，占总人数的 69%。这种社会环境极大地促进了军事武艺的发展，武士团体也应运而生。为了适应战争的需要，跆拳道运动在这一时期得以迅速发展。

### 1. 高句丽时期的跆拳道

公元前 37 年，朱蒙于朝鲜半岛西北部（今天朝鲜北部的鸭绿江河谷）建立了高句丽王国。有资料显示，跆拳道在高句丽享有很高的地位，这可以从高句丽后来的国都丸都的古坟——角觝塚、舞俑塚和三室塚的玄室壁画中得到证实。如角觝塚的壁画上就有两名男子互相搂抱臂膀进行格斗的姿势；三室塚的壁画中两位武士所做的动作就是当今跆拳道准备的动作（实战姿势），其中右边的人做的是身体前屈的攻击姿势，左边的人做的是防守姿势（图 1–1）。像这种绘有跆拳道的壁画还有很多，当时这种原始的跆拳道被称为“跆跟”。这些资料表明跆拳道在高句丽已经相当盛行了。

图 1–1　高句丽时代三室塚玄室壁画上记载的跆拳道动作
（引自韩国罗绚成·韩国体育史）

## 2. 新罗时期的跆拳道

新罗王国大约于公元前 57 年建立，其位置在朝鲜东南部的庆州平原上（现在的庆尚道地区）。新罗有一个负责军事教育的社会组织叫“花郎”（意思是“花骑士”），花郎中的年轻人被称为“花郎道”，他们以跆跟为训。到了真兴王时，便创立了“花郎道”这一组织。其宗旨是“事君以忠、事亲以孝、事友以信、临阵无退、杀身有择”，以此磨炼人的意志，锻炼人的体魄，造就了一批又一批忠君事孝、英勇顽强的战士。这一时期的许多僧侣都是花郎（武士）出身，所以石窟庵守门的佛像、金刚力士的造型也都采用了跆拳道的姿势（图 1–2）。

图 1–2 新罗时期壁画浮雕中的金刚力士塑像

（引自韩国龙仁大学申相星·韩国跆拳道史）

另据《三国史记》《古事》《帝王韵记》等资料记载，当时利用拳的击打和脚踢的格斗形式已相当盛行。在描写新罗时期风俗习惯的《帝王韵记》一书中，关于跆拳道的记载，即互相站立，用脚踢对方，此方法有三种：第一种是低水平者，互踢对方的腿部；第二种是中等水平者，互踢对方的肩部；第三种是高水平者，互踢对方的头部。

### 3. 百济时期的跆拳道

百济王国大约建立于公元前 1 世纪下半叶。百济是当时三国中实力最弱的国家，有关跆拳道记载的遗迹少于高句丽和新罗。据《三国史记》记载，百济历代国王都推崇武艺，要求全国人民都要学习马术、射箭、跆跟（原始的跆拳道）与武技。在当时“便战戏”与“跆跟”虽称谓不同，但都是现代跆拳道的雏形，这表明跆拳道在百济也是相当盛行的。史料中记载的“便战戏”竞技方式类似于今天的跆拳道，就是利用手和脚格斗的竞赛，在百济时代广泛流行于军队和百姓之间。

## 三、高丽时期的跆拳道

公元 918 年，朝鲜半岛建立了一个统一的国家即高丽国。据史料记载，高丽士兵的战斗力来自平日的训练及对跆拳道的喜爱。训练中，士兵常用拳击打墙壁和木块，以磨炼手的攻击能力。当时十分喜爱徒手搏斗的忠惠王曾专门邀请臂力过人、武功超群的士兵金振郗（亦称金振郁）到宫廷表演手搏技艺，这使跆拳道声望大震，并且渐被广大民众所喜爱。据《高丽史》记载，徒手搏斗是高丽人普遍喜爱的竞技项目之一，并被规定为军队训练的必修项目。这一时期全国上下尚武之风盛行，跆拳道运动得到了空前的发展。

## 四、朝鲜时期的跆拳道

1392 年，高丽将军李成桂通过政变，建立了李氏王朝，同时用“朝鲜”称号。跆拳道经过近一千年的流传，到了李朝时代已形成了较为完整的体系。这一时期跆拳道成为选拔士兵的主要手段。如果一个人想做武官，在选拔时就必须用“跆跟”或“手搏”的技艺打败三个人，可见当时军旅中对跆拳道的重视程度。

公元 1790 年（李朝正祖 14 年），李德懋和学者朴齐家、白东修三人奉王命汇编了《武艺图谱通志》。书中收录了关于“手搏”“跆跟”等武技的方法、动作图解及各种兵器的用法，并借鉴国外武技使其与跆拳道的技法相互融合，自此跆拳道开始有了较科学的记载（图 1–3、图 1–4）。李朝末期的王室受文尊武卑的思想影响开始重文轻武，这又使得跆拳道逐渐脱离了王室，却在民间广泛地流传。

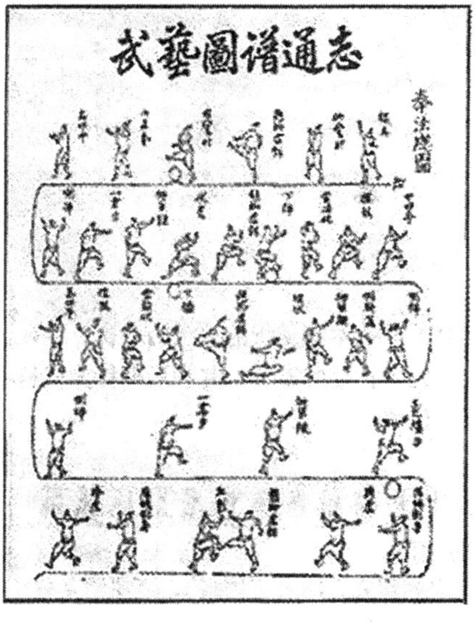


图 1–3 《武艺图谱通志》中关于跆拳道的记载

（引自俞继英. 奥林匹克跆拳道. 北京：人民体育出版社，2005.）

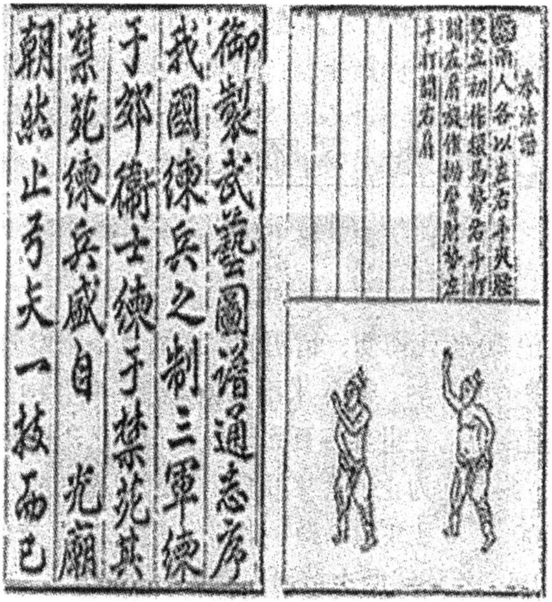
御製武藝圖譜通志序
我國練兵之制三軍練
于鄉衛士練于禁苑其
禁苑練兵咸自 光廟
朝然止弓矢一技而已

拳法譜

图 1–4《武艺图谱通志》中关于跆拳道的记载
（引自俞继英. 奥林匹克跆拳道. 北京：人民体育出版社，2005.）

## 五、近代跆拳道

1909 年，日本侵占朝鲜后建立了殖民政府，曾经一度下令禁止所有的文化活动，其中也包括跆拳道。这一期间跆拳道技艺在朝鲜境内几乎销声匿迹。跆拳道修炼者出现了两种情况：一部分人在国内进行秘密地练习；还有一些不甘寂寞或被生活所迫的人远离国土，到中国或日本谋生，并把跆拳道延续下来。

朝鲜沦为日本的殖民地后，日本的“空手道”随之流入朝鲜，“花郎道”与“空手道”融合产生了“韩式空手道”，朝鲜人称这种武术为“跆拳”。1945 年第二次世界大战后，朝鲜独立，国家政治、社会面貌日益改观，许多流落他乡的朝鲜人先后回到故里，同时将各国武技带回祖国与跆拳道交融结合，构筑了新的跆拳道技术体系，使其得到了进一步的成熟和完善。

## 六、现代跆拳道的发展

现代跆拳道的创始人主要有崔泓熙、李仲佑和蔡天命，三人都曾是著名武馆的教练员。他们在执教过程中，经过不断的练习、研究、推敲，将朝鲜古代各流派的自卫术与日本的空手道、中国的武术相结合，由此创立了现代跆拳道的技术体系，这种新型的自卫术当时称为“跆拳”。

1955 年为了更好地推广这种新型的朝鲜民族武术，韩国武术家、体育家、教育家、高级军官及相关学者经过讨论认为：冷兵器时代已经过去，练习跆拳道不仅是练习手脚的功夫，更重要的是一种精神的修炼，磨炼一种“坚韧不拔”“百折不挠”的意志，培养一种“礼仪廉耻”“谦逊宽容”的品质。教练员在教授学员学习的过程中，不应只是教授学员实战、技击的技巧，更重要的是要教会学员做人的道理。当时崔泓熙认为：“跆拳道集东方意识和科学技术于一体，使人的能力尽可能地得到发挥，它是一种既能够强身健体又能够防身自卫的体育运动。”经过讨论大家一致通过崔泓熙提出的“跆拳”二字，并在其中融入东方武道文化和哲学思想，在“跆拳”后加一个“道”字，“跆拳道”的名称由此而生。跆拳道名称的确立结束了唐手（近代跆拳道的称谓）、空手道以及朝鲜古典武道各种名称混杂的局面，开创了跆拳道发展的新纪元。

1959 年，韩国成立了“大韩唐手道协会”，并于 1962 年加入大韩体育会，1965 年改为大韩跆拳道协会，1963 年第 43

届大韩全国体育大会确定跆拳道为正式比赛项目。1961 年 9 月，朝鲜成立了唐手道协会（后改为跆拳道协会），1962 年加入朝鲜业余体育协会，同时跆拳道列入全国体育比赛正式项目。这期间朝鲜和韩国的大批跆拳道教练员离开他们的祖国到世界各地传授跆拳道，促进了跆拳道在全球范围内的普及和发展。这标志着跆拳道运动开始走向国际化。

1966 年第一个国际性跆拳道组织——国际跆拳道联合会（ITF）在韩国成立，崔泓熙将军任主席。

1972 年，韩国国技院在汉城（今称首尔）成立。1973 年在汉城举办了第 1 届世界跆拳道锦标赛，会后 19 个国家的代表在金云龙博士的倡导下，成立了世界跆拳道联盟（WTF），同时金云龙当选为主席。世界跆拳道联盟（WTF）成立后，制定了一套相应的规章制度，大胆删改了传统跆拳道中类似于表演以及实战性不强的技击内容，将其最符合现代竞技体育要求的、竞技性强的对抗性内容提炼成科学独立的教学、训练和竞赛体系，由此产生了新的跆拳道形式——竞技跆拳道。在此后的几年内，全球各地几乎都建立了有关跆拳道的各种组织和团体。1975 年，世界跆拳道联盟被接纳为国际体育联合会的会员。

1980 年国际奥委会在第 83 次大会上，承认了世界跆拳道联盟，这一决定促使跆拳道运动在世界各地更广泛地流行。1983 年在西班牙巴塞罗那举行的第 8 届世界锦标赛中增设了女子跆拳道比赛。1994 年 9 月 4 日，国际奥委会全体表决一致通过将跆拳道列入 2000 年奥运会奖牌项目。

目前，世界上拥有两大跆拳道组织，一个是世界跆拳道联盟（WTF），一个是国际跆拳道联盟（ITF）。世界跆拳道联盟是倡导以竞技为主、以品势为辅的跆拳道技术体系，而国际跆拳道联盟是倡导以品势修炼为主以竞技实战为辅的技术体系，这两大组织为跆拳道的推广和普及做出了巨大的贡献。

世界跆拳道联盟是得到奥委会承认的机构，总部设在韩国汉城国技院，现有会员国 140 多个，目前（2008 年）世界跆拳道联盟主席由韩国人赵正源担任。迄今为止，跆拳道运动已在全球范围内得到了空前的普及和发展，风行全球 188 个国家和地区，参与练习者达 7000 万人。

## 七、我国跆拳道的发展

1992 年 10 月 7 日，中国跆拳道协会筹备小组成立，这标志着我国跆拳道运动的正式开始。1994 年 5 月，在河北正定开设了首届全国跆拳道教练员和裁判员学习班。1994 年 9 月，在云南昆明举行了第 1 届全国跆拳道比赛，当时有 15 个单位，共 150 名练习者参加了比赛。由于我国跆拳道起步较晚，招收的第一批运动员大多是半路出家，我们的运动员水平与韩国、美国以及欧洲的一些起步早、基础好的国家的运动员相比，存在较大的差距。1995 年 5 月，共有 22 个单位 250 名练习者参加了在北京体育大学举行的第 1 届全国跆拳道锦标赛，从此跆拳道在中国迅速发展起来。1995 年 8 月，中国跆拳道协会正式成立了，魏纪中当选为第一任协会主席。1995 年 11 月，中国跆拳道协会被世界跆拳道联盟接纳为正式会员。中国跆拳道创立之初，给自己的定位是“智慧型的格斗项目”，发展方向是“博采众长，吸取我国各优势项目之长，解放思想，大胆创新，走自己的路”。一些优秀的教练员和运动员对跆拳道事业兢兢业业，他们一方面聘请大批的外国专家进行交流学习，另一方面深入研究国内外先进技战术，在此基础上进行大胆创新，形成了独具特色的中国跆拳道。此后，我国跆拳道竞技水平有了很大的提高，1997 年 11 月，在香港举办的世界跆拳道锦标赛上，我国选手黄鹂在女子 43 公斤级的比赛中获得银牌。1998 年 5 月 17 日，在越南举办的第 13 届亚洲跆拳道锦标赛上，我国选手贺璐敏为中国赢得了第一枚亚洲跆拳道比赛金牌，实现了我国在正式国际比赛中金牌“零”的突破。这次比赛，共有来自亚洲的 22 个国家和地区的约 240 名选手参加，其中有世界一流强队韩国、中国台北、伊朗等。中国跆拳道队获得了 1 金 1 银 5 铜的佳绩，其中女队获得团体总分第 3 名。1999 年 6 月 7 日，在加拿大举行的世界跆拳道锦标赛上，我国女选手王朔战胜多名世界跆拳道高手，获得女子 55 公斤级冠军，这是我国跆拳道运动员获得的第一个世界冠军。2000 年 9 月 30 日，在悉尼奥运会女子跆拳道 67 公斤以上级比赛中，我国选手陈中力克群雄获得冠军，这是我国获得的第一块奥运会跆拳道金牌。2004 年 8 月 29 日在雅典奥运会上中国选手陈中、罗微分别夺得女子 67 公斤以上级和 67 公斤级金牌，创造了中国跆拳道的新纪录。继雅典奥运会之后，2005 年 4 月 14 日，在西班牙举行的世界跆拳道锦标赛上我国选手王莹获得 51 公斤级金牌。2007 年 5 月，在北京举行的世界跆拳道锦标赛中，中国选手吴静钰获得女子 47 公斤冠军，陈中获得女子 72 公斤冠军。2008 年 8 月 22 日在北京举行的第 29 届奥运会上，我国选手吴静钰不负众望获得女子 49 公斤级金牌。与此同时，我国男子选手朱国也夺得 80 公斤级铜牌，这也是我国男子跆拳道项目在奥运会中的首枚奖牌，这也预示着我国跆拳道项目的整体实力全面提升。

如今，随着跆拳道运动在我国的普及开展，跆拳道技术将日趋完善。我们坚信，将会有更多的中国跆拳道健儿涌现在奥运赛场，为中国跆拳道史续写新的篇章。

# 第二节 跆拳道特点

## 一、以腿为主，以手为辅

跆拳道技术中，腿法所占的比例是整个跆拳道技术体系的80%左右，这是跆拳道运动的鲜明特点。在实战比赛中，腿的攻击力量远远大于手，而且腿法攻击范围广，威力大，是跆拳道比赛中主要的得分手段。另外，竞技跆拳道的比赛规则对腿法使用有着积极的鼓励作用，在竞技跆拳道比赛中，只允许使用一种拳的方法进攻或反击，而且得分率很低，这无疑提高了运动员腿法的使用率。但在竞赛规则以外的跆拳道实战中，人体的一些主要关节都可以作为攻击对手的武器。这便构成了跆拳道运动的鲜明特点，即：以腿为主，以手为辅的运动模式。

## 二、技击方法简捷实用，动作刚直相向

在跆拳道的实战中，多使用拳、掌、臂等格挡防守，随即以连续快速的腿法组合连击，或直接去打，或接触防守，很少使用闪躲避让法。用简明硬朗的方法直接去打击对方，追求以刚制刚、硬拼硬打，尽可能保持或缩短双方的距离，进攻或反击时的动作路线多为直线，方法简练，强调击打的有效性。因此，技击方法简捷实用，动作刚直相向是跆拳道运动的又一特点。

## 三、内外兼修，功法独特

跆拳道训练是在赤手空拳下进行的。经过专门的训练，练习者的关节部位能够发挥常人难以具备的威力，尤其是手和脚的功力。这是意念与动作在长时期的彼此渗透中产生的综合效应，使人体达到“内外合一”的境界，即内力与外力、精神与劲道的协调统一。

## 四、以功力验水平

跆拳道练习者修炼的水平如何，技术动作的威力到底有多大，往往是通过运用手脚或其他关节部位分别击碎木板、砖石等物体来检测的。这种方法已成为跆拳道练习、晋级、表演、比赛的一个主要内容之一，也是检测跆拳道练习者功力水平的有效手段之一。

## 五、发声扬威，强调气势

跆拳道练习时，无论是品势练习，还是比赛训练，都要求训练者给人以气势上的震慑。多以发出洪亮并有威慑力的声音来显示自己的功力。那么发声有什么作用呢？这里可以归纳为四点：第一，通过发声可以提高自己的注意力，提高大脑皮质的兴奋，从而更好地完成训练或比赛；第二，有关专家研究表明，洪亮的喊声可以增强人的爆发力，以声催力来加大技术的杀伤力；第三，通过发声可以提高自己的斗志，在气势上压倒对手，从而达到在心理上战胜对手的目的；第四，在竞技比赛中运动员通过发声配合击打效果来得到裁判员的认可，达到得分的目的。

### 六、以礼始以礼终，培养良好的道德品质

跆拳道修炼者始终把“礼”作为训练内容之一，强调以礼始以礼终，即训练是从行礼开始以行礼结束，并突出爱国主义精神。随着练习者技术水平的提升，道德修养也不断地加深。练习者通过向老师、长辈、教练员、队友鞠躬行礼，养成发自内心的礼仪习惯，形成谦虚、谨慎、友好忍让的态度和互相学习的作风，培养其坚韧不拔的意志品质和拼搏向上的精神。

## 第三节 跆拳道作用

### 一、强身健体，防身自卫

通过跆拳道练习，可以提高人体各关节的灵活性及肌肉的伸展收缩能力，提高人的力量、柔韧、灵敏、耐力素质，并对神经系统的功能有较大的促进作用。长时间练习可以增强体质，塑造健美的身材和强壮的体魄。跆拳道的训练是围绕着攻防对抗来完成的，练习者在反复的练习中不断提高技战术水平，增强反应能力。另外，过长时间的跆拳道训练，以使手、脚及其他关节具备超乎常人的威力，从而达到防身自卫的目的。

## 二、修身养性，培养优秀的意志品质

跆拳道的练习过程本身就是一个内外兼修的过程。练习中，推崇“以礼始，以礼终”的尚武精神，要以“礼仪廉耻，克己忍耐，百折不挠”的跆拳道精神为宗旨。在这种跆拳道精神的指导下，练习者可以养成顽强果断、吃苦耐劳的好习惯，磨炼坚韧不拔、积极向上的意志品质，形成礼让谦逊、宽厚待人的美德及高尚的爱国主义情操。

## 三、娱乐观赏

跆拳道不但有强身健体和防身自卫的功能，而且具有极高的观赏价值。跆拳道比赛时，运动员不仅要斗志斗勇，而且要通过比赛将跆拳道的技术发挥得淋漓尽致。紧张激烈的对抗同时也给观赏者以美的享受，赏心悦目，激发人们的斗志，鼓舞人奋发向上的精神，陶冶人的道德情操，使人们在潜移默化中受到运动员高尚道德品质的感染。

# 第四节　跆拳道礼节、服装与段位

## 一、跆拳道的礼节

跆拳道的“礼仪”是跆拳道基本精神的体现，也是跆拳道练习者需要修炼的内容之一。跆拳道的礼仪不只是形式的表现，而是要发自内心地进行。跆拳道是以对抗为表现形式的运动，训练或比赛中，无论怎样激烈地打斗，运动员双方都是以提高运动技术水平、磨炼意志为目的的，因此，参加跆拳道比赛的运动员都要有向对方持有尊重和学习的心态。做到场上是对手，场下是朋友，这就是跆拳道运动始终倡导的“以礼始，以礼终”的精神。礼节也是每一个跆拳道习练者在接触跆拳道运动时的第一堂课，练习者只有树立礼仪谦虚的学习态度，才能够获得理想的人格和健康的体魄。跆拳道中，最常用的礼节是向教练员、队友、长辈行鞠躬礼，具体方法是：面向对方直体站立，向前屈腰 15°，头向前屈 45°；此时双手紧贴两腿，两脚跟并拢。（图 1–5）

图 1–5

### 1. 进入道馆训练时的礼节

1）练习者衣着端正，头发整洁，对教练员和队友都要表现出恭敬、服从和谦虚、互动互学的心态。

2）进入道馆时，首先向国旗敬礼，方法是：将右手掌放于左侧胸前，成立正姿势，目视国旗 2~3 秒钟，然后向教练员行鞠躬礼。（图 1–6）

3）两人一组进行练习时，首先应相互敬礼，练习结束后，再次相互敬礼。（图 1–7）

4）训练中，如果有事请假应首先向教练员敬礼再说明理由。

5）训练中，服装或护具脱落应背对国旗和教练员，整理整齐后再恢复训练。

图 1–6

图 1–7

6）训练结束后，首先向国旗敬礼，然后向教练员敬礼，离开道馆时再次向国旗和教练员敬礼。

### 2. 参加比赛时的礼节

（1）个人比赛时的礼节

1）个人比赛开始时的礼节：运动员走入场地时，应向裁判员及教练员敬礼，待场上主裁判“立正”“敬礼”的口令下达后，比赛双方运动员敬礼，然后在主裁判发出“准备”“开始”的口令后方能进行比赛。

2）个人比赛结束时的礼节：比赛结束时，双方运动员到各自的位置相对站好，待主裁判发出“立正”“敬礼”的口令后双方敬礼，然后面对裁判长席等待比赛结果。比赛结果宣布结束后向裁判长席、场上裁判员及对方教练员敬礼，然后结束比赛。

(2) 团体对抗赛的礼节

1）比赛前的礼节：首先，青、红两队全体队员按名单顺序面向裁判席，成纵队站立，然后两队运动员依主裁判“敬礼”口令，向裁判席敬礼。

2）比赛结束后的礼节：当最后一对运动员比赛结束后，两队全体运动员立即进入竞赛区相对站立，待主裁判发出“立正”“敬礼”的口号后相互敬礼，然后两队依主裁判口令先向监督官立正站好，再向陪审敬礼。

## 二、跆拳道的服装

参加跆拳道比赛时，运动员必须穿戴由世界跆拳道联盟规定的统一服装（包括护头、护胸等道具），平时训练时须穿跆拳道道服。

## 三、跆拳道的段位划分

跆拳道是用段位来显示练习者的跆拳道学习造诣的。练习者的腰带是技术等级的标志，段位越高表明水平越高。跆拳道的段位可以划分为十级九段。从十级（低）到一级（高）是初学者的等级。从一段到三段是黑带新手的段位，称为 Assistant instructor（副师范）；四段到六段为高水平段位，称为 Instructor（师范）；七段至九段是授予那些有很高学识造诣或为跆拳道发展做出杰出贡献者的段位，七段和八段者称为 Master（师贤）；九段为最高段，称为 Grand master（师圣）。只有黑带才称为段，黑带以下称为级；十个等级各代表的水平不同，初学者只有从十个级别中的十级开始晋升至一级，然后才能入段。十个级别划分如下：

十级为白带。表示空白，根本没有跆拳道知识，也就是处于入门阶段。

九级为白带加黄杠。

八级为黄带。表示大地。草木在大地生根发芽，意味着开始学习基础动作，正处于基础阶段。

七级为黄带加绿杠。

六级为绿带。表示草木。成长中的绿色草木，意味着正处于技术进步阶段。

五级为绿带加蓝杠。

四级为蓝带。表示蓝天。草木向着蓝天茁壮成长，意味着进度达到相当高的阶段。

三级为蓝带加红杠。

二级为红带。表示已具备相当的威力，意味着克己和警示对手不要接近。

一级为红带加黑杠。

黑带的段位是通过黑带上的特殊标记区分的，另外，区别跆拳道的段位还要看道服上的标记：一段至三段的道服边有黑色带条，四段以上道服的衣袖和裤腿两边有黑色带条。

# 第五节 跆拳道精神释义

精神通常是指人的意识、思维活动和一般心理状态。跆拳道精神是跆拳道练习者需要培养的心理状态。这种心理状态在不同的时期有不同的要求，如：在古代跆拳道的精神具体体现在以“事君以忠、事亲以孝、事友以信、临阵无退、杀身有择”为主的忠孝爱国精神。现代跆拳道的精神与体育的精神是相互交融的，可以概括为十二个字，即：礼仪、廉耻、忍耐、克己、百折不屈的精神。

礼仪（义）：指礼节和仪式，也指崇礼行义。要求跆拳道练习者要互相尊重，培养友爱、正义、谦虚的精神。

廉耻：指廉洁的操守和羞耻的感觉。要求跆拳道练习者要分辨是非，有羞耻之心，努力使自己成为正直和道德高尚的人。

忍耐：是把痛苦的感觉或某种情绪抑制住，不使其表现出来。忍耐是用来克服跆拳道练习过程中所遇到困难的秘诀，只有忍耐才能超越自己。

克己：是指克制自己的私心，对自己要求严格。要求跆拳道练习者要自我控制，排除不良情绪和私心杂念。

百折不屈：指无论受多少挫折都不退缩。要求跆拳道练习者要有坚强的意志品质，在挫折、困难面前不退缩、不轻易放弃。

# 第二章　竞技跆拳道的基本技术

## 第一节　实战姿势类型与基本步法

实战姿势也称之为准备姿势，它是指跆拳道比赛中，运动员运用技法进攻或防守时的预备动作。

### 一、实战姿势类型

跆拳道的实战姿势可以分为三种类型，即标准实战姿势、侧向实战姿势和低位实战姿势。运动员在比赛时，可以根据对手的情况来调节相应的实战姿势。练习时，左腿在前称为左实战姿势，右腿在前称为右实战姿势。

#### 1. 标准实战姿势

**【动作方法】**

两脚前后开立，两脚之间的距离是本人肩宽的 1.5 倍，脚尖斜向前方 45°，前脚掌支撑，后脚跟抬起，两膝微屈，身体重心落于两脚之间，身体放松，右手握拳置于胸前，高度应距下颌约一拳。左手握拳置于左前方，高度与肩同高，

左手肘关节角度应大于或等于 90°。上体保持正直，目视前方。（图 2–1、图 2–2）

图 2–1　左势正面

图 2–1　左势侧面

图 2–2　右势正面

图 2–2　右势侧面

【动作要领】

实战姿势时，身体要放松，两膝要微屈，做标准实战姿势时，两腿不要站在一条直线上，应站在直线的两侧以便保持身体平衡，使身体时刻处于待发状态。

## 2. 侧向实战姿势

【动作方法】

身体完全侧向，两脚间距离为肩宽的 1.5~2 倍，两脚在一条直线上，其他同标准实战姿势。侧向实战姿势适用于侧踢、后踢等腿法。（图 2–3、图 2–3 附图）

图 2–3

图 2–3 附图

### 3. 低位实战姿势

**【动作方法】**

低位实战姿势站立时，上体微向前倾，两腿屈膝的角度加大，身体重心降低，两脚间隔为肩宽的 1.5~2 倍，其他同标准实战姿势。低位实战姿势适用于反击技术，如：后踢、后旋踢的反击。（图 2–4、图 2–4 附图）

图 2–4

图 2–4 附图

## 二、基本步法

### 1. 前进步

前进步包括前滑步、上步和前跃步，下面分别予以介绍。

（1）前滑步

**【动作方法】**

实战姿势站立，右脚蹬地，左脚向前上半步，落地时左脚掌先着地，而后右脚再向前跟进半步。（图 2–5）

图 2–5

**【动作要领】**

移动时，两脚距离保持不变，两脚离地不要太高，进步要稳，跟步要快。

**【实战作用】**

调整与对手之间的距离。

(2) 上步

**【动作方法】**

实战姿势站立，以左脚掌为轴，脚尖外转，右脚蹬地向前上步，成右实战姿势站立。（图 2–6）

图 2–6

**【动作要领】**

动作要协调，要有整体性，上步要快。

**【实战作用】**

1）调整距离伺机进攻；

2）假动作引诱对方或追击对方。

(3) 前跃步

**【动作方法】**

实战姿势站立，两脚同时蹬地向前纵出 30~40 厘米，动作完成后保持实战姿势站立。（图 2–7）

①　　②

图 2–7

**【动作要领】**

1）要依靠两脚踝关节与膝关节的力量弹跳纵出，双脚要紧贴地面，不要腾空过高；

2）动作起动时，重心不宜过低，否则容易暴露动作意图。

**【实战作用】**

用于接近对手或配合技术进攻。

### 2. 后退步

后退步包括后滑步、后跃步和后撤步。

（1）后滑步

**【动作方法】**

实战姿势站立，左脚蹬地，右脚先后退半步，落地时右脚掌先着地，随之左脚向后跟半步，落地后保持实战姿势不变。（图 2–8）

图 2–8

**【动作要领】**

右脚退步距离不宜过大；右脚退多大距离，左脚要跟多大距离，要借助蹬地的反作用力加快移动速度。

**【实战作用】**

躲闪对方进攻或配合技术反击。

(2) 后跃步

**【动作方法】**

实战姿势站立，两脚同时蹬地向后跃出 30~40 厘米，动作完成后成实战姿势站立。（图 2–9）

①

②

图 2–9

**【动作要领】**

参考前跃步。

**【实战作用】**

用于躲闪对方的进攻或配合技术反击。

（3）撤步

**【动作方法】**

实战姿势站立，以右脚为轴内转，左脚向后撤步，成右实战姿势站立。（图 2–10）

①　　②

图 2–10

**【动作要领】**

动作要协调一致，撤步要快。

**【实战作用】**

用于躲闪对方的进攻或配合技术反击。

### 3. 侧移步

向左移动时称为左侧移步，向右移动时称为右侧移步。

（1）左侧移步

**【动作方法】**

实战姿势站立，右脚蹬地，左脚向左侧上步，右脚随之跟上使身体重心向左移动离开原来的位置。（图 2–11）

图 2–11

⑵ 右侧移步

**【动作方法】**

实战姿势站立，左脚蹬地，右脚向右侧方上步，左脚随之跟上使身体重心向右移动离开原来的位置。（图 2–12）

①　　　　②

图 2–12

**【动作要领】**

移动时要有弹性，速度要快，身体要放松。

**【实战作用】**

用于躲闪对方的进攻或躲闪后反击。

**4. 弧形步**

向左跨步时称为左弧形步，向右跨步时称为右弧形步。

(1) 左弧形步

**【动作方法】**

实战姿势站立，以左脚为轴，右脚蹬地向左侧跨步，上体随之左转。（图 2–13）

图 2–13

(2) 右弧形步

**【动作方法】**

实战姿势站立，以左脚为轴，右脚蹬地向右侧跨步，上体随之右转（图 2–14）。

图 2–14

【动作要领】

整个动作要协调一致。

【实战作用】

用于躲闪对方进攻及躲闪后反击。

5. 跳换步

【动作方法】

实战姿势站立，左右脚同时离地，以腰部力量带动双腿相互交换，落地后仍成实战姿势站立。（图 2–15）

①

②

图 2-15

【动作要领】

换步要灵活，弹跳不宜太高。

【实战作用】

调整实战姿势。

## 6. 垫　步

(1) 前垫步

【动作方法】

实战姿势站立，重心前移，右脚向左脚内侧并拢，同时左脚蹬地向前迈步。（图 2-16）

图 2–16

【动作要领】

右脚向前上步要迅速，不等右脚落地，左脚就向前移动，移动的距离不要过大，整个动作要协调连贯。

【实战作用】

1）用于快速接近对手；

2）连接横踢、下劈踢、侧踢等技术进攻对手。

(2) 后垫步

**【动作方法】**

实战姿势站立，左脚向右脚方向并拢；同时，右脚蹬地向后移动，两脚落地成实战姿势。（图 2–17）

①　②　③

图 2–17

【动作要领】

左脚撤步要迅速，整个动作要协调连贯。

【实战作用】

1）用于拉开与对手之间的距离；

2）用于连接横踢、下劈踢等技术反击。

### 7. 冲刺步

【动作方法】

实战姿势站立，右脚向前上步成左实战姿势，紧接着左脚向前上步回到原来的位置。（图 2–18）

图 2–18

**【动作要领】**

两腿动作要迅速，频率要快，如冲刺跑一般。移动时，步幅不宜过大。

**【实战作用】**

1）迅速接近对手；

2）连接横踢、双飞踢等技术进攻。

## 第二节　基本拳法与基本腿法

### 一、基本拳法

#### 1. 左冲拳

**【动作方法】**

实战姿势站立（图 2–19①）；右脚蹬地，左脚以前脚掌为轴，脚跟外旋，重心移至左脚，转腰，上体催动左臂将左拳从胸前向前旋臂直线冲出；冲拳的同时右臂做下格动作（图 2–19②）；接触目标的瞬间拳心向下，目视前方，动作完成后按原路线返回，成实战姿势站立。（图 2–19③）

因左冲拳与右冲拳基本相同，因此，动作要领、易犯错误、实战作用等内容安排在右冲拳动作后统一阐述。

#### 2. 右冲拳

**【动作方法】**

实战姿势站立（图 2–20①）；右脚蹬地；同时，以前脚掌为轴向内扣转，重心移至左脚，右脚随之转动扣膝；转腰，

图 2–19

上体催动右臂将右拳从胸前向前旋臂直线冲出，冲拳的同时左臂做下格动作（图 2–20②）；接触目标的瞬间拳心应向下，目视前方，动作完成后按原路线返回，成实战姿势站立。(图 2–20③)

①

②

③

图 2–20

【动作要领】

1）冲拳时，应充分利用蹬地、转髋、转腰、顺肩和旋臂的力量，力点应在拳面；

2）冲拳时，发力要果断，整个动作要协调流畅；

3）击打瞬间，肩、肘、腕、指各关节应紧张用力，动作完成后迅速放松，将拳收回成实战姿势站立。

**【实战作用】**

比赛中，用于击打对方的躯干部位。

例一：双方闭式站立（图 2–21①），对方以横踢进攻我肋部，我用右手格挡防守；同时，以拳法反击对方的躯干部位。（图 2–21②）

①

②

图 2–21

例二：双方闭式站立（图 2-22①），对方以前腿横踢进攻我腹部（或双方开式站立，对方以左横踢进攻我腹部），我方用右手下格防守；同时，以左冲拳反击对方。（图 2-22②）

①

②

图 2-22

## 二、基本腿法

### 1. 前　踢

前踢是跆拳道最基本的腿法之一。前踢技术在跆拳道比赛中很少运用，主要运用于自卫或跆拳道基础练习中。

**【动作方法】**

实战姿势站立（图 2–23①）；右脚蹬地，身体重心移至左脚；右脚向正前方屈膝上提，右小腿夹紧，随即，以膝关节为轴向前送髋、顶膝、小腿快速向前踢出，力达脚背或脚前掌，动作完成后成右实战姿势站立。（图 2–23②③④）

①

②

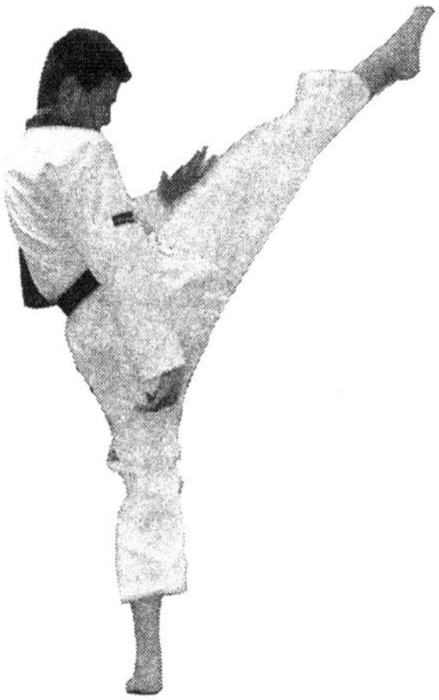

③

④

图 2–23

【动作要领】

提膝时小腿要夹紧，踢腿动作应迅速有力，髋关节前送。

【实战作用】

可用于攻击对手的裆部、下颌等部位。

例一：双方对峙，我调整距离（图 2–24①），主动运用前踢腿进攻对方的裆部（非比赛的情况下）。（图 2–24②）

①

②

图 2–24

例二：双方对峙，我运用前踢假动作进攻（图 2–25①），待对方向后退守时，我突然以后踢进攻对方的胸部。（图 2–25②）

①

②

图 2–25

2. 横　踢

横踢是跆拳道比赛中运用率最高的腿法。横踢技术动作简单实用，技术变化多样，是跆拳道技术中重要的腿法。为了便于大家掌握，我们把横踢技术分解为提膝、转体和弹腿三个部分，下面予以介绍。

**【动作方法】**

实战姿势站立（图 2–26①）；右脚蹬地，身体重心移至左腿；同时，右腿小腿夹紧向正前方提起（图 2–26②）；以左脚前脚掌为轴，脚跟内旋，身体向左侧旋转，转体时，右脚小腿与地面接近水平，大腿与上体成一条斜线，上体微侧倾(图 2–26③)；右腿以膝关节为轴迅速伸膝向左侧方弹出，脚面绷直，以脚背为力点，踢击对方的头部或躯干（图 2–26④），动作完成后小腿放松沿出腿路线收回，成右实战姿势站立。（图 2–26⑤）

①

②

③

④

⑤

图 2–26

【动作要领】

1）提膝时，膝关节夹紧直线向前提膝；

2）横踢动作时，支撑腿要以前脚掌为轴，随横踢动作脚跟逐渐内旋（约 180°），横踢发力时，髋关节应展开；

3）髋关节前送，击打的感觉似鞭打动作；

4）横踢时，摆动腿应踢过身体中线约 30 厘米；

5）小腿弹踢的瞬间，要有一个制动的过程，使击打腿产生鞭打的效果。

【实战作用】

可以用于攻击对方的头部、躯干及大、小腿部位。

例一：双方开式站立（图 2–27①），我方突然以横踢腿进攻对方的头部或腹部。（图 2–27②）

①

②

图 2–27

例二：实战中，对方以横踢腿进攻我腰部（图 2–28①），我向后撤步防守；同时，以横踢腿反击对方的腹部。（图 2–28②）

①

②

图 2–28

例三：实战中，对方以前腿下劈踢进攻我头部（图 2-29①），我向右侧跳换步闪开对手攻击；同时，以横踢反击对方的腹部或头部。（图 2-29②）

①

②

图 2-29

### 3. 侧　踢

侧踢在跆拳道比赛中，主要用于攻击对方的躯干和头部，也可以用于阻截对手的进攻。它有力量大、速度快、进攻动作直接的特点。

**【动作方法】**

实战姿势站立（图 2–30①），身体重心前移，右腿屈膝上提（图 2–30②）；左脚尖勾起，以前脚掌为轴外旋约 180°（图2–30③）；同时，迅速伸膝发力，右脚直线向右前方踢出，力达脚外侧或整个脚掌（图 2–30④），踢击动作完成后，右腿迅速放松按出腿路线返回，成实战姿势站立。（图 2–30⑤）

①　②　③

④　⑤

图 2–30

**【动作要领】**

1）提膝时，膝关节夹紧向前直线提起，提膝、转体与踢击要协调连贯。

2）踢击时，要转体、展髋，上体略侧倾，踢击目标的瞬间髋、膝、腿应在同一平面内。

3）动作完成后，应按原路线返回。

**【实战作用】**

用于进攻对方头部、面部、胸部、腹部和肋部。

例一：双方开式站立（图 2–31①），我调整距离以侧踢进攻对方胸部。（图 2–31②）

①

②

图 2–31

例二：双方闭式站立（图 2-32①），对方以右横踢进攻我方胸部，我在准确判断对方动作意图的前提下，抢先以右腿侧踢进攻对方腹部或头部阻截对方。（图 2-32②）

①

②

图 2-32

### 4. 勾　踢

勾踢也称为侧摆踢，是跆拳道中侧向进攻技术，主要用于攻击对方头部的侧面，实战中，运用得当也会给对手带来重创。

**【动作方法】**

实战姿势站立（图 2–33①）；右脚蹬地，身体重心前移至左脚，以左脚支撑，右腿屈膝提起（图 2–33②）；左脚以前脚掌为轴，脚跟向内旋转约 180°，右腿膝关节提起并向左内扣，右小腿由外向内伸出，伸直后以脚掌为力点向右侧摆击，身体随之侧倾（图 2–33③），动作完成后右腿放松回收成实战姿势站立。（图 2–33④）

①

②

③

④

图 2–33

【动作要领】

1）勾踢时，身体要适当放松，起腿后，右腿屈膝抬至水平，然后内扣；

2）勾踢时，要充分发挥腰、腿的力量，小腿后勾要快；

3）鞭打后要顺势放松。

【实战作用】

主要用于进攻对方头部、面部、胸部，也可以用于反击对方。

例一：双方闭式站立（图 2–34①），我调整距离以勾踢进攻对方的面部。（图 2–34②）

①

②

图 2-34

例二：双方开式（或闭式）站立（图 2-35①），对方以横踢攻我，我以前腿勾踢反击其头部。（图 2-35②）

①

②

图 2–35

### 5. 下劈踢

劈踢是跆拳道技术中杀伤力较大的腿法之一，也常作为跆拳道的招牌腿法动作，比赛中得分率较高，主要用于攻击对方的头部、面部、肩部。比赛中，运用得当会给对方造成重创。

**【动作方法】**

实战姿势站立（图 2–36①）；右脚蹬地，身体重心前移至左脚。以左脚支撑，右腿屈膝抬起（图 2–36②）；右脚快速上举过头顶，左髋关节上送，右膝伸直贴近上体，随即，右腿迅速向前下方劈落，力点达脚跟或前脚掌（图 2–36③）；动作完成后小腿放松下落成实战姿势站立。（图 2–36④）

图 2–36

【动作要领】

1）右腿上摆时，大腿应放松，踝关节应举过头顶，身体重心应向高起；

2）动作要迅速有力，支撑脚脚跟要离地，同时髋关节上送；

3）向下劈落时，踝关节应放松；

4）向下劈落时要有控制。

【实战作用】

用于进攻对方头、面、肩等部位，也可以用于反击对方。

例一：双方闭式站立（图 2–37①），我调整距离以下劈踢进攻对方的头部。（图 2–37②）

①

②

图 2–37

例二：双方闭式站立（图 2–38①），对方用横踢进攻我胸部或头部时，我抢在对手前面以前腿下劈踢反击对方头部。(图 2–38②)

图 2–38

## 6. 推　踢

推踢属于直线型腿法技术。它具有动作突然、起动较快的特点。实战中，主要用于阻截对方的进攻或与其他动作配合进攻，一般情况下推踢很少能够直接得分。

**【动作方法】**

实战姿势站立（图 2–39①）；右脚蹬地，身体重心移至左脚；随即，右腿大小腿夹紧屈膝提起（图 2–39②）；左脚以前脚掌为轴外旋约 90°，上体略后仰；同时，右腿以膝关节为轴迅速向前蹬出，力达脚掌（图 2–39③）；动作完成后右腿放松回收，成实战姿势站立。（图 2–39④）

图 2–39

【动作要领】

1）提膝时，大小腿应夹紧。推踢时，腿法运行的路线应是水平向前的；

2）推踢时，髋关节应向前送，应利用身体重心的前移来加大腿法的力量。

【实战作用】

用于进攻对方的胸部或用于阻截对方的进攻动作。

例一：双方闭式或开式站立（图 2–40①），对方用横踢攻我，

图 2–40

我抢先用推踢进攻对方的胸部破坏对方的进攻动作。(图2-40②)

例二：比赛中，对方以转身动作（后踢或后旋踢）进攻或反击时，我以推踢抢先攻击其后背或臀部破坏对方的进攻动作。（图 2-41）

①

②

图 2-41

### 7. 后　踢

后踢是跆拳道中的转身攻击技术，比赛中，可以直接用于反击或与其他动作相配合进攻，运用得当会给对手以重创。

**【动作方法】**

实战姿势站立（图 2–42①）；右脚蹬地，身体重心移至左腿，右脚以前脚掌为轴，脚跟向内旋转；同时，左脚以前脚掌为轴，脚跟向外旋转 180°，使脚跟正对对手方向，成背向对方姿势（图 2–42②）；此时，右脚蹬地提起，左腿支撑，右腿大小腿折叠，髋关节收紧，脚尖勾起（图 2–42③）；右肩微下沉；随即，迅速向后展髋、伸膝沿直线向后蹬踢，上体侧倾，力达脚跟（图 2–42④）；动作完成后，上体右转，右脚向前落步成右实战姿势站立。（图 2–42⑤）

①　②　③

④　⑤

图 2-42

**【动作要领】**

1）后踢时，上体与踢出腿应在同一平面内，要控制住肩部不要随之转动；

2）提腿时，大小腿应充分回收，蓄力待发；

3）转身、提腿、后踢三个动作要连贯有力。

**【实战作用】**

可用于进攻对方胸部、腹部或头部，也可以用于反击对方的进攻。

例一：双方实战姿势站立（图 2-43①），我突然上步（图2-42②），以后踢进攻对方的腹部。（图 2-43③）

图 2–43

例二：双方开式站立（图 2-44①），对方以横踢攻我，我在准确判断对方动作意图的前提下以后踢反击对方的胸部。(图 2-44②)

①

②

图 2-44

## 8. 后旋踢

后旋踢同后踢一样，均属于转身腿法，动作相对较为复杂。后旋踢也是比赛中常用的技术，应用时，可以直接用于进攻也可以与其他技术配合用于进攻，还可以用于反击，运用得当往往会重创对方。

**【动作方法】**

实战姿势站立（图 2–45①）；身体重心移至左脚，同时，以左脚为轴内旋约 90°，左膝关节内扣，右脚前掌蹬地外旋，背向对手（图 2–45②）；动作不停，右脚蹬地起腿，以腰部带动身体向右后转动；同时，右腿随转体向右上方屈膝提起；随即用右脚掌自左向右弧线踢击，接近目标时右腿伸直，力达脚掌（图 2–45③）；动作完成后恢复实战姿势站立。（图 2–45④）

①

②

③

④

图 2–45

【动作要领】

1）摆动腿在正前方时，击打的路线应是水平弧线；

2）以腰带动腿发力，原地旋转 360°；

3）起腿要快，蹬地、转腰、转上体、摆腿发力要连贯、协调、快速，不要停顿。

【实战作用】

用于进攻对方的头部、颈部和胸部，也可以用于反击对方。

例一：实战中，我以横踢进攻对方头部，被对方躲闪或防守后（图 2-46①），迅速连接后旋踢进攻对方的头部。(图 2-46②)

①

②

图 2-46

例二：双方开式站立（图 2–47①），对方以右腿横踢攻我（或双方闭式，对方以左腿横踢攻我），我在准确判断对方动作意图的前提下，以后旋踢反击对方的头部。（图 2–47②）

①

②

图 2–47

### 9. 双飞踢

双飞踢是在跆拳道实战中，将两次或多次的横踢动作在腾空状态下的快速组合。双飞踢有动作突然、得分率高的特点，按动作完成的先后顺序可以分为前腿双飞踢和后腿双飞踢两种，下面分别介绍。

(1) 前腿双飞踢

**【动作方法】**

实战姿势站立（图 2–48①）；右脚向前垫步；同时，左腿向前做前腿横踢动作（图 2–48②）；在左腿动作即将完成之际右腿向前起跳做横踢动作（图 2–48③④）；动作完成后，两腿放松成实战姿势站立。（图 2–48⑤）

①

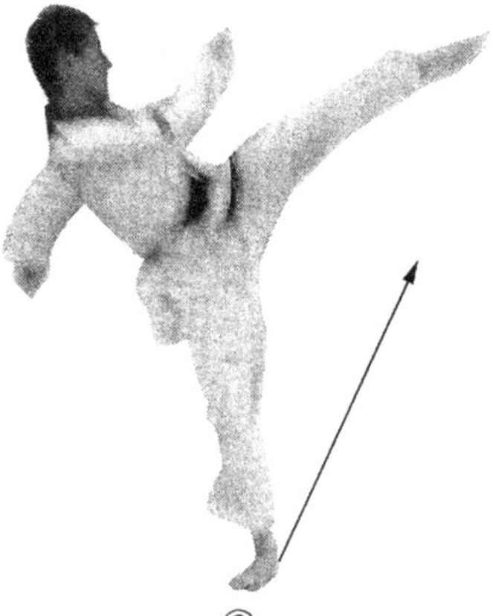

②

图 2–48

(2) 后腿双飞踢

**【动作方法】**

实战姿势站立（图 2–49①）；身体重心移至左脚；同时，右腿向前做横踢动作（图 2–49②）；在右腿动作即将完成之际左腿向前起跳做横踢动作（图 2–49③④）；动作完成后，两腿放松成实战姿势站立。（图 2–49⑤）

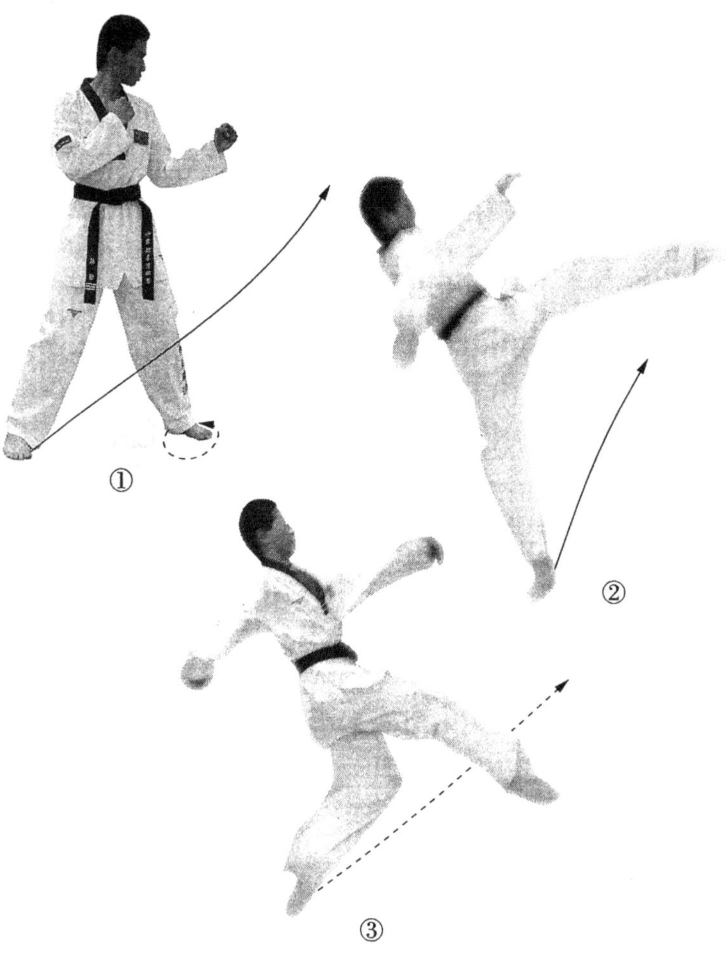

④

⑤

图 2–49

【动作要领】

1）双飞踢动作要连贯，一般情况，第一次击打要比第二次击打力量小，这样有利于双腿的连贯发力；

2）击打时，髋关节应充分前送，膝关节和小腿要放松，上体要随之转动，小腿犹如鞭子一样向前摆击；

3）双飞踢动作方向应是向前而不是向上；

4）完整练习时，身体要放松，动作起动要快。

【实战作用】

用于进攻对方的胸、腹部或头部，也可用于反击。

例一：双方实战姿势站立（图 2-50①），我突然用前腿双飞踢分别进攻对方的胸部和头部。（图 2-50②③④）

①

②

③

④

图 2-50

例二：实战中，双方贴近（图 2–51①），我突然调整距离以前腿双飞踢分别反击对方的胸部和头部。（图 2–51②③）

①

②

③

图 2–51

### 10. 旋风踢

**【动作方法】**

实战姿势站立（图 2-52①）；右腿蹬地，身体重心移至左腿，以左脚脚前掌为轴，身体向右后转体 360°，转体的同时右腿提起并随之转动（图 2-52②）；当转动至正前方时，身体稍后仰，右腿下落的同时左脚蹬地向前做左腿横踢动作（图 2-52③）；动作完成后成右实战姿势站立（图 2-52④）；

图 2-52

可左右交替练习，右腿练习时，动作与左腿相反。

**【动作要领】**

1）旋风踢转体时，提膝腿应围绕支撑腿转动，两大腿内侧的夹角不宜过大；

2）击打时，击打腿的脚面要绷直，踝关节要放松；

3）转体要迅速连贯，动作完成后要有控制。

**【实战作用】**

旋风踢主要用于中远距离的进攻，进攻部位为腹部、胸部和头部，也可以用于反击。

例一：双方实战姿势站立（图 2–53①），我调整距离以旋风踢进攻对方的腹部或头部。（图 2–53②③）

①

②

③

图 2–53

例二：实战中，对方运用腿法进攻我（图 2-54①②），我向后躲闪的同时以旋风踢反击对方的胸部。（图 2-54③④）

①

②

③

④

图 2–54

# 第三节　组合技术

## 一、组合技术练习内容、目的与要求

### 1. 练习内容举例

1）前腿横踢进攻→前腿下劈踢反击
2）前腿横踢进攻→后跃步→横踢反击
3）前腿下劈踢进攻→后跃步→前腿横踢反击
4）前腿双飞踢进攻→后踢反击
5）前腿高横踢进攻头部→前腿侧踢截击
6）前腿横踢进攻→后跃步→前腿高横踢组合
7）前腿横踢进攻→后跃步→后腿下劈反击
8）前腿侧踢进攻→跳步前下劈进攻
9）前腿横踢进攻→前进攻
10）前腿横踢进攻→换步→后旋踢反击
11）前腿下劈反击→后腿双飞踢进攻
12）前腿推踢进攻→后下劈进攻→后踢反击
13）前腿横踢进攻→后旋踢反击
14）后跃步→前腿横踢反击→旋风踢反击
15）后腿横踢进攻→旋风踢进攻→后旋踢进攻
16）后腿双飞踢进攻→侧移步→前腿双飞踢反击
17）后腿高横踢进攻→前腿横踢进攻→后跃步横踢反击
18）后腿双飞踢进攻→后跃步→前腿下劈踢反击
19）后腿横踢进攻→后踢进攻

20）跳换步后腿横踢反击→后旋踢反击

21）后旋踢反击→后旋踢进攻→旋风踢进攻

22）后腿下劈踢进攻→后跃步→后踢反击

23）后腿高横踢进攻→后跃步后踢反击

24）上步假动作→后踢反击

25）跳换步假动作→后腿横踢进攻→前腿双飞踢进攻

26）原地假动作佯攻→前腿横踢进攻→前腿劈踢进攻

27）上步假动作→后下劈进攻→双飞踢反击

### 2. 练习目的及要求

1）练习目的：培养进攻反击技术的组合能力，建立攻防意识。

2）练习要求：动作衔接要快，两人对练或利用脚靶、护具练习时，要保持适当的距离（一般以实战的距离为佳），不要距脚靶、护具过近或过远，每项内容6~8次为一组，多组重复。

## 二、练习方法

运动员可独自进行空击练习，也可以在同伴或教练员的帮助下使用脚靶、沙包或护具的方法练习，练习时，左右腿交替进行。

# 第三章　跆拳道基础品势

## 第一节　跆拳道品势基本功

### 一、基本步型与手法

#### 1. 步　型

跆拳道的步型是指在跆拳道练习或实战中，站立位置的姿势和脚步的形状。步型是和步法紧密联系的，特别是品势练习的基础。

（1）并步

两脚并拢，两脚内侧贴紧，身体直立，目视前方。（图 3–1）

（2）开立步

两脚左右开立，距离与肩同宽，两脚尖向外，两臂自然下垂于体侧，身体放松，目视前方。（图 3–2）

（3）预备势

两脚左右开立，距离与肩同宽，两脚尖外展，双手握拳于腹前，拳面相对，拳心向内。（图 3–3）

（4）弓步

弓步也称为屈立步，两脚前后开立，距离大约为本人的脚

图 3-1

图 3-2

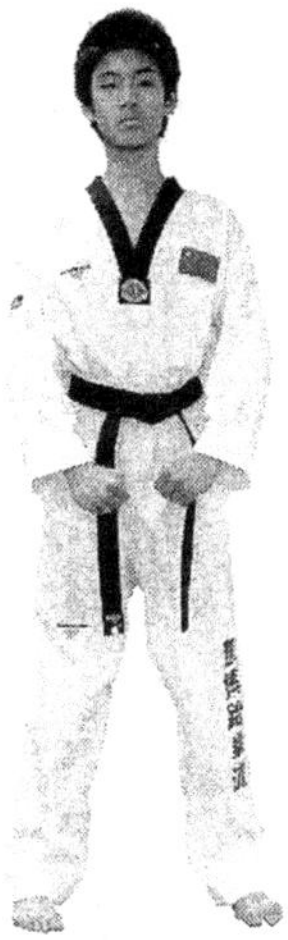

图 3-3

长的 3.5 倍，前腿屈膝半蹲，后腿蹬直（图 3-4）。左脚在前时称为左弓步，相反右脚在前时称为右弓步。

图 3-4

（5）行步

行步也称为高前屈立或探步，动作方法是两脚前后开立，姿态与平时走路相似，两膝微内扣，两腿之间的距离为本人脚长的 1~1.5 倍，重心置于两腿之间（图 3–5）。左脚在前时称为左行步，相反右脚在前时称为右行步。

（6）马步

两腿左右开立，距离略大于肩宽，两脚尖向前，重心落于两腿之间。（图 3–6）

图 3–5

图 3–6

（7）半马步

半马步也称为三七步和后屈立，动作方法是：两脚左右开立，距离为本人脚长的 3.5~4 倍，后脚尖外展约 90°，两膝微屈，前腿脚尖向前，身体重心的 70%在后腿，30%在前腿，左脚在前称为左三七步，右脚在前称为右三七步。（图 3–7）

⑻ 虚步

两脚前后开立，两膝微屈，前脚脚尖虚点地面，身体重心置于后腿（图 3-8）。左脚在前时称为左虚步，右脚在前时称为右虚步。

⑼ 独立步

一腿提起，另一腿支撑站立。（图 3-9）

图 3-7

图 3-8

图 3-9

(10) 交叉步

交叉步也称为十字步，交叉步有两种形式，一脚向另一脚的后面插步，脚掌着地，两膝关节交叉称为后交叉步（图 3–10①）。相反称为前交叉步。（图 3–10②）

① ②

图 3–10

## 2. 拳 法

(1) 冲拳

**【动作方法】**

两脚左右开立，距离与肩同宽，两膝微屈并向内收，两拳抱于腰间，拳心向上成马步站立；随即，左手以拳面为力点向前冲出，冲拳的高度约与肩平，右手握拳置于腰间（图 3–11），冲拳左右动作方法相同，但方向相反，左右交替进行。

**【动作要领】**

力达拳面部位，用力要顺达。

**【实战作用】**

用于击打对方头部或躯干。

图 3-11

（2）劈拳（也称为锤拳）

**【动作方法】**

两脚左右开立，双手握拳于腹前成品势预备姿势站立（图 3-12①），左手握拳由腹前经右上方向左下抡臂下劈，右手握拳置于腰间（图 3-12②）。劈拳左右动作方法相同，但方向相反。

①

②

图 3–12

【动作要领】

力达拳轮部位，用力要顺达。

【实战作用】

可用于攻击对手头部、颈部和锁骨。

(3) 抄拳

【动作方法】

两脚左右开立，双手握拳于腹前成品势预备姿势站立

(图3–13①)，左脚向前成三七步；同时，左手前伸抓住对方的衣襟，右手握拳收于腰间（图 3–13②)，步型不变，重心前移成左弓步；同时，左手回拉，右拳从腰间由下向上抄起，用拳面击打对方的下颌部（图 3–13③)。抄拳左右动作方法相同，但方向相反。

图 3–13

【动作要领】

力达拳面部位，用力要顺达。

【实战作用】

可用于攻击对手下颌或腹部。

(4) 弹拳

**【动作方法】**

两脚左右开立，双手握拳于腹前成品势预备姿势站立（图3-14①），右脚向前上步，左脚经右腿后侧上步，脚尖着地成叉步站立；同时，右拳内旋由内向外、向下弹击，左拳置于腰间（图 3-14②）。弹拳左右动作方法相同，但方向相反。

① ②

图 3-14

**【动作要领】**

力达拳背部位，用力要顺达。

**【实战作用】**

可用于攻击对手面部或锁骨。

### 3. 掌法

掌法在传统跆拳道及品势练习中也是比较常见的，具有代表性的掌法有以下几种：

（1）砍掌（也称为手刀砍，按其方法可分为仰掌砍击和俯掌砍击两种）

**【动作方法】**

两脚左右开立，双手握拳于腹前成品势预备姿势站立（图3–15①），左脚向前成左弓步，右手由拳变掌上举至与头同高的位置；随即，右臂前伸并外旋，由外向内、向左前方平砍，掌心向上（图3–15②）。砍掌左右动作方法相同，但方向相反。

①　　②

图3–15

**【动作要领】**

力达手刀部位，动作要连贯。

**【实战作用】**

可用于攻击对手颈动脉、锁骨和两肋。

⑵ 插掌（也称为贯手。按其方法可分为立插掌和横插掌两种）

**【动作方法】**

两脚左右开立，双手握拳于腹前成品势预备姿势站立（图 3–16①），左脚向前成左弓步；同时，右手由腰间变掌向前伸臂插出，左手握拳于腰间（图 3–16②）。插掌左右动作方法相同，但方向相反，如果双手同时插出则称之为双插掌。（图 3–16③）

①

②

③

图 3–16

【动作要领】

力达指尖，动作要连贯。

【实战作用】

可用于攻击对手胸部、面部和两肋。

(3) 抵掌掐击

【动作方法】

两脚左右开立，双手握拳于腹前成品势预备姿势站立（图3–17①），左脚向前成左弓步；同时，右手由腰间变抵掌向前伸臂掐击，左手握拳于腰间（图 3–17②）。抵掌掐击左右动作方法相同，但方向相反。

① ②

图 3–17

【动作要领】

力达指尖，动作要连贯。

【实战作用】

可用于攻击对手咽喉。

(4) 掌根推击（也称为熊掌推击）

**【动作方法】**

两脚左右开立，双手握拳于腹前成品势预备姿势站立（图 3–18①），左脚向前上步成左弓步；同时，右手由腰间变掌并以掌根为力点向前伸臂推击，左手握拳于腰间（图 3–18②）。掌根推击左右动作方法相同，但方向相反。

①

②

图 3–18

**【动作要领】**

力达掌根，动作要连贯。

**【实战作用】**

可用于攻击对手的面部、胸部和腹部。

## 二、基本格挡技术

格挡主要指的是接触性的防守技术，关于这方面内容，在防守技术一章节中，已经就竞技跆拳道中所涉及到的内容作了详细的介绍，本节将重点介绍跆拳道品势中的基本格挡方法。实际练习时也可以结合步法进行，如：马步格挡、弓步格挡等。

### 1. 上格挡（上段防守）

**【动作方法】**

两脚左右开立，双手握拳于腹前成品势预备姿势站立(图 3–19①)，随即左手在上，右手在下，内收于腹前(图 3–19②)，左手沿身体中线挥臂上提，拳心向前，以前臂外侧向上格挡，右手握拳于腰间（图 3–19③）。左右动作方法相同，但方向相反。

图 3–19

【动作要领】

力达前臂外侧，上格有力。

【实战作用】

可用于格挡对手对头部上面的攻击。

2. 下格挡（下段防守）

【动作方法】

两脚左右开立，双手握拳于腹前成品势预备姿势站立（图 3–20①），随即右手伸直，左手握拳上提置于右肩处（图 3–20②），左手以前臂外侧为力点沿右手臂向下格挡，右手握拳于腰间（图 3–20③）。左右动作方法相同，但方向相反。

图 3–20

【动作要领】

力达前臂外侧，下格有力。

【实战作用】

可用于格挡对方对躯干正面及由下向上的攻击。

### 3. 中格挡（中段防守）

中格挡可分为向内中格挡和向外中格挡两种。

(1) 内中格挡

【动作方法】

两脚左右开立，双手握拳于腹前成品势预备姿势站立（图 3–21①），双手向右侧上提至头部侧面（图 3–21②）；随即，右手以腰带臂由右向左格挡，左手收于腰间（图 3–21③），也可以向右侧方格挡（图 3–21④）。左右动作方法相同，但方向相反。

①

②

③ ④

图 3–21

**【动作要领】**

力达前臂外侧，向内格挡要有力。

**【实战作用】**

可用于格挡对方对躯干的攻击。

⑵ 外中格挡

**【动作方法】**

两脚左右开立，双手握拳于腹前成品势预备姿势站立（图3–22①），左脚向前上步成左弓步，双手上提至腹前，左手在上，右手在下（图 3–22②）；随即，左手前臂外旋以腰带臂向外格挡，右手收于腰间（图 3–22③）。左右动作方法相同，但方向相反。

**【动作要领】**

力达前臂内侧，向外格挡要有力。

①　②　③

图 3–22

**【实战作用】**

可用于格挡对方对躯干的攻击。

### 4. 十字格挡

十字格挡可分为高十字格挡和低十字格挡两种。

(1) 高十字格挡

**【动作方法】**

两脚左右开立，双手握拳于腹前成品势预备姿势站立

（图 3-23①），左脚向前上步成弓步，双手握拳上举，至颈部时，双手交叉成十字，肘关节用力举过头顶向上格挡。（图 3-23②）

① ②

图 3-23

**【动作要领】**

力达双手前臂外侧，上格有力。

**【实战作用】**

可用于格挡对手对面部及头部的攻击。

（2）低十字格挡

**【动作方法】**

两脚左右开立，双手握拳于腹前成品势预备姿势站立（图3-24①），左脚向前上步成弓步，双手握拳交叉成十字并用力向下格挡。（图 3-24②）

【动作要领】

力达双手前臂外侧，下格有力。

【实战作用】

可用于格挡对手对裆部及腹部的攻击。

①　②

图 3–24

5. 手刀格挡

【动作方法】

两脚左右开立，双手握拳于腹前成品势预备姿势站立（图 3–25①），左脚向前上步成三七步，双手由拳变手刀上举至右侧上方，右上臂与肩平，左臂横置于胸前（图 3–25②）；随即，上体微向左转，以腰带臂左手经体前向左外侧格挡，格挡时，掌心向前，右手置于腹前（图 3–25③）。左右动作方法相同，但方向相反。

图 3–25

**【动作要领】**

力达双手前臂外侧，下格有力。

**【实战作用】**

可用于格挡对手对躯干的攻击。

## 第二节　跆拳道基础品势套路

跆拳道的品势（又称型），是将各种攻防技术按照一定的规律和攻防意图组合起来，形成规定的动作并进行徒手演练的套路形式。这些动作是不可以随意改变的，而且每一个动作都有一定的攻防含义，就像中国武术套路一样。品势练习时，要求运动员要有假想之敌，熟练掌握各种攻防动作，以便在搏击实战中灵活运用。品势套路共有 24 个统一的架型。目前国际上流行的品势套路可分为两大类，一类是晋级品势，主要内容是太极品势，包括太极八章；另一类是入段品势，有九个套路，依次是高丽、金刚、太白、平原、十进、地跆、天拳、汉水和一如。这些品势套路的难度是逐级晋升的，而且这些品势都有其固定的套路和固定的动作方向，因此，大家在学习时一定要严格规范动作。为了大家更直观地掌握品势套路，我们除了进行详细的文字说明外，还设计了演练动作图与其对应；另外，本章还补充了步法移动路线图，在图中白色的脚印代表已经完成的动作（或静止动作）黑色脚印代表即将移动完成的动作。这样做的目的是使大家更直观地了解套路组合情况。

本节主要介绍晋级品势。晋级品势主要是指太极品势，太极也称为太极型，太极品势是以宇宙哲学观为根本原理，运用太极阴阳学说而组成的动作套路，练习时，动作路线是遵循太极的阴阳八卦进行的（图 3–26）。太极型共有八个套路，称为太极八章。一般情况下，从十级（低）晋升至一级（高）需要演练从一章（低）至八章（高）的套路。

图 3–26　太极图

## 一、太极一章

太极一章象征八卦中的“乾”位（图 3–27），寓意宇宙中万物的根源。因此太极一章就成为学习跆拳道品势的第一个套路，太极一章共有 18 个动作，主要由上、中、下段防守和前踢组成，动作较为简单。

图 3-27

## 太极一章动作方法

**准备姿势：**两脚左右开立，距离与肩同宽，两手握拳屈臂置于腹前成品势准备姿势，于 B 方位站立。（图 3-28）

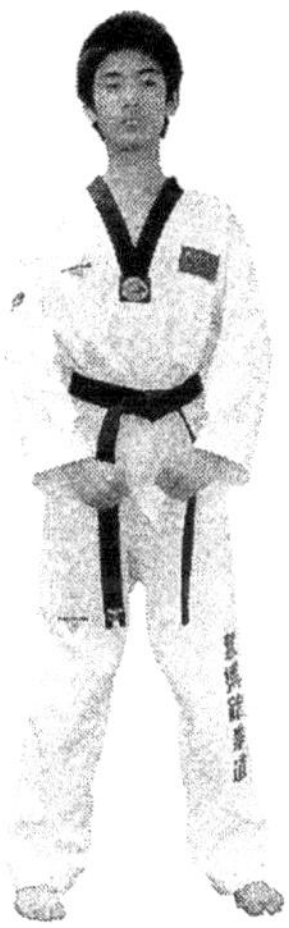

图 3-28

**型 1**：身体向左侧（C1 的方向）转体成前行步站立；同时，左臂上抬至胸前，右臂下截做右下格挡（图 3–29①），随后左臂做左下格挡，右拳收于腰间。（图 3–29②）

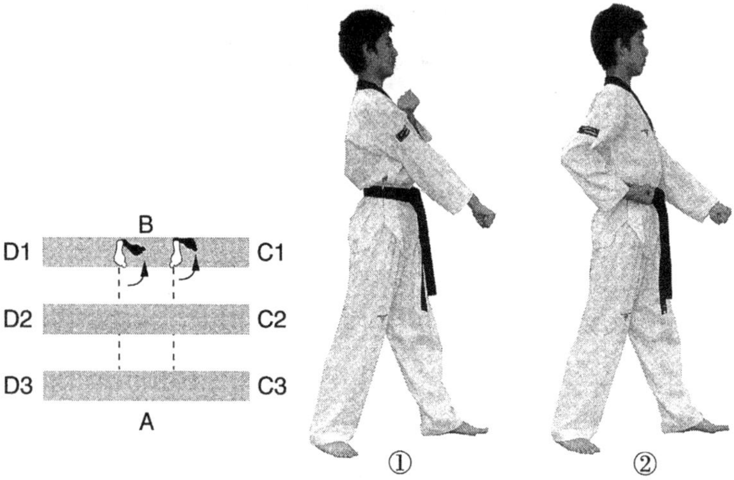


图 3–29

**型 2**：右脚向前上步成行步站立；同时，右拳向前内旋平冲，左拳收于腰间。（图 3–30）

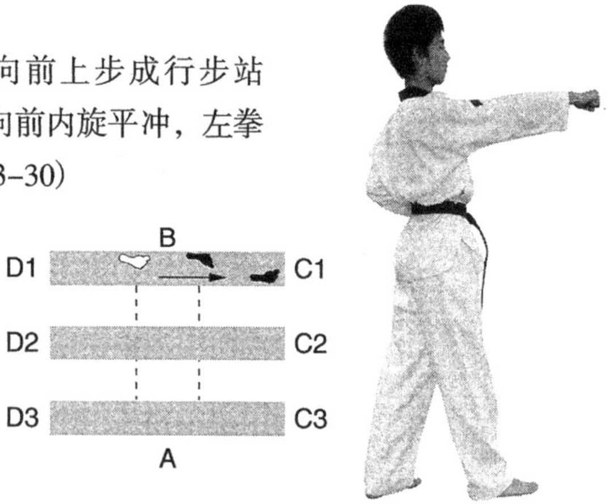


图 3–30

**型 3：**身体向右转体 180°，右脚向右侧（D1 方向）上步成行步站立；同时，右臂屈肘置于胸前，左拳向下格挡(图 3–31①)，随即，右拳向下格挡，左拳收于腰间。（图 3–31②）

图 3–31

**型 4：**左脚向前上步（D1 方向）成行步站立；同时，左拳前冲，右拳收于腰间。（图 3–32）

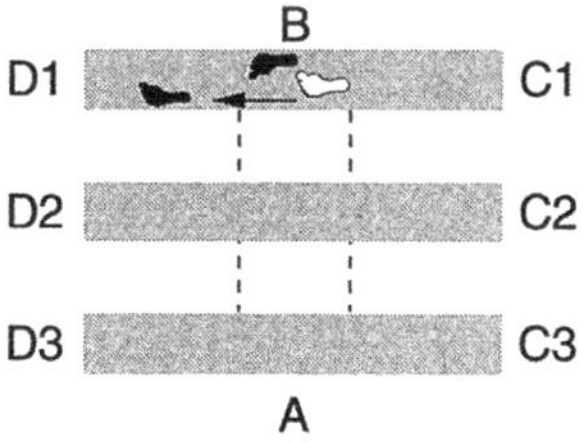

图 3–32

**型 5**：身体左转 90°，左脚向左前方（面向 A 方向）上步成左弓步站立，左拳屈肘下截，右拳收于腰间。（图3–33）

图 3–33

**型 6**：步型不变，右拳向前内旋平冲，左拳收于腰间。（图 3–34）

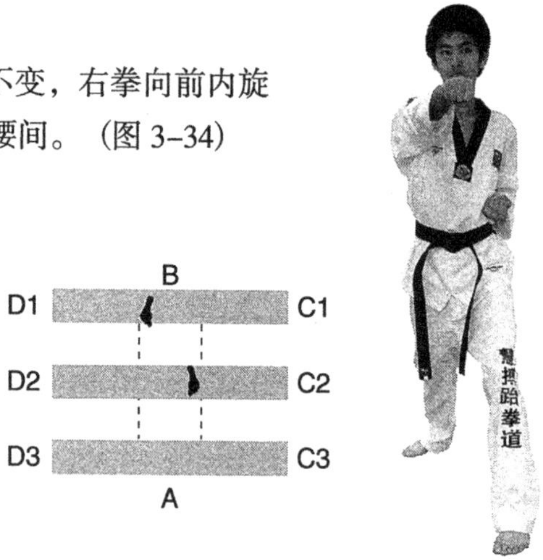


图 3–34

**型 7**：左脚不动，右脚向前上步(D2 方向）成右前行步站立，身体右转；同时，左臂前伸向内做中格挡，拳心向上，右拳收于腰间。（图 3-35)

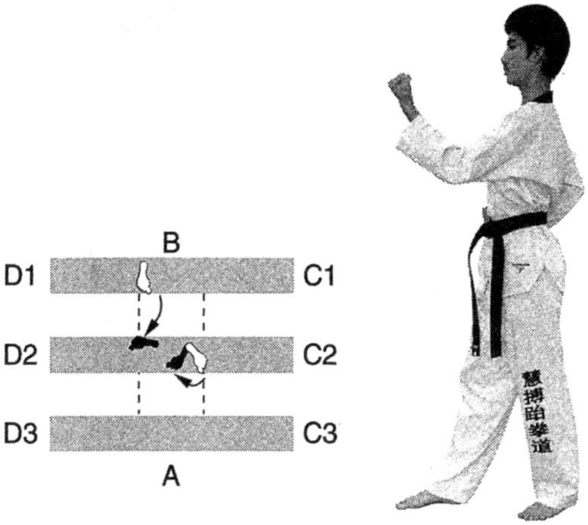


图 3-35

**型 8**：左脚向前上步成行步站立，右拳内旋向前平冲，左拳收于腰间。（图 3-36)

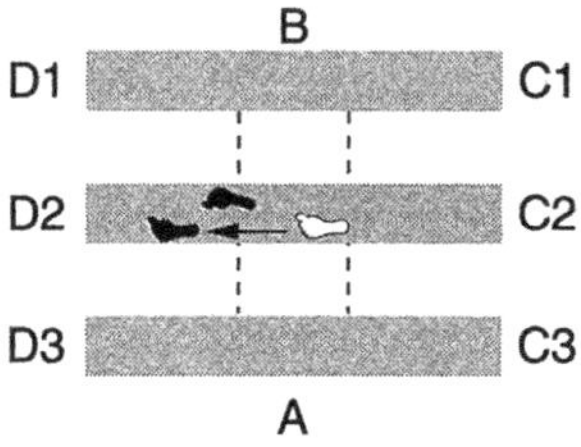

图 3-36

**型 9**：以右脚为轴，身体向左后方（C2 方向）转体 180°，随即左脚向前上步；同时，右臂前伸向内做中格挡。(图 3-37)

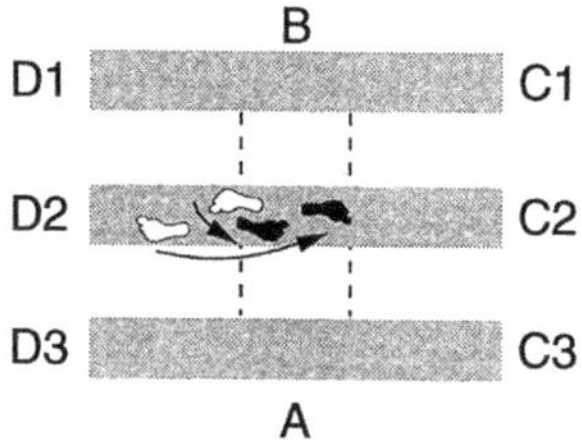

图 3-37

**型 10**：右脚向前上步（C2 方向）成行步站立，左拳内旋前冲，右拳收于腰间。(图 3-38)

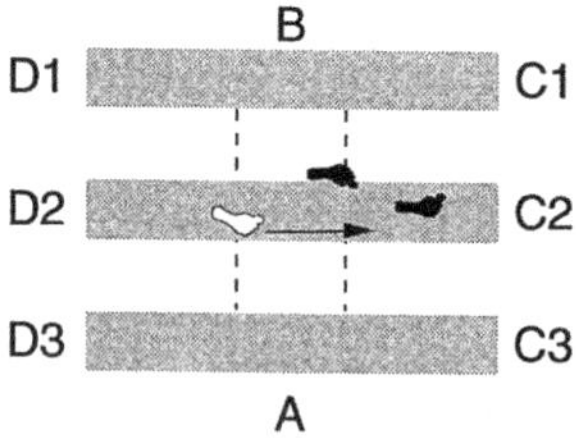

图 3-38

**型 11**：以左脚为轴，身体右转90°，右脚向右前方（面向 A 方向）上步成右弓步站立；同时，右手下截做右下格挡，左拳收于腰间。（图 3-39）

图 3-39

**型 12**：步型不变，左拳向前内旋平冲，右拳收于腰间。（图 3-40）

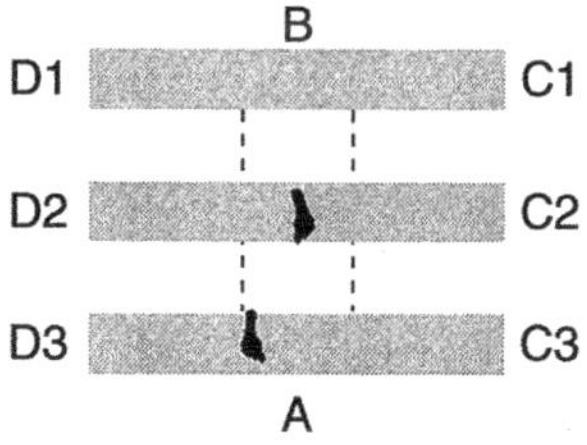


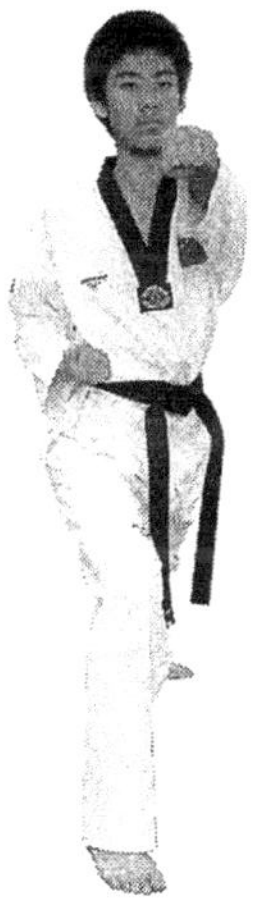

图 3-40

**型 13**：右脚不动，身体左转，左脚向前（C3 方向）上步成行步站立，左臂屈肘上架，置于额前，拳心向外做左上格挡。（图 3–41）

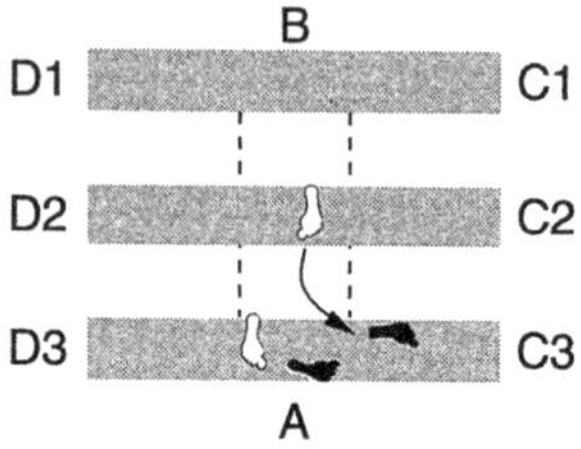

图 3–41

**型 14**：身体重心上提，右脚蹬地做右前踢腿动作（图 3–42①）；随即，右腿下落成右前行步站立，右拳向前内旋平冲，左拳收于腰间。（图 3–42②）

①　　②

图 3–42

**型 15：**以左脚为轴，身体向右后转体 180°，右脚（面向D3 方向）上步成右行步站立，右臂屈肘置于额外做右上格挡动作，拳心向外。（图 3–43）

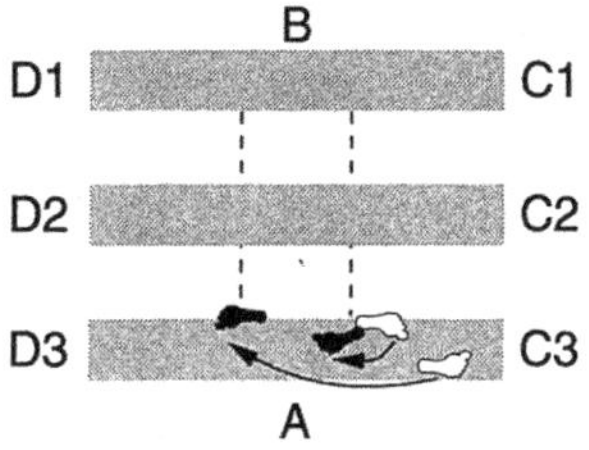


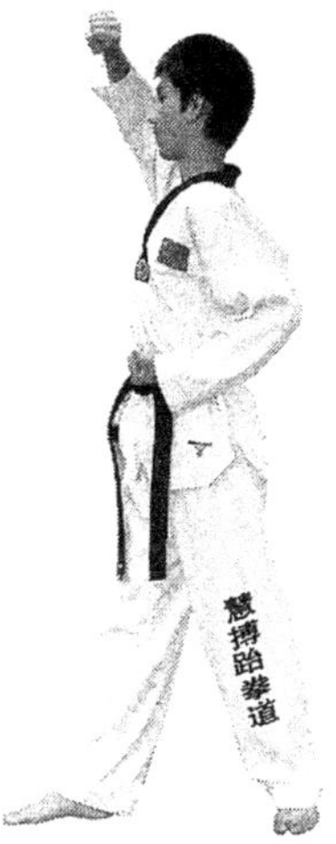


图 3–43

**型 16：**身体重心上提，左脚蹬地做左前踢腿动作，前踢时，两臂屈于胸前（图 3–44①）；随即，左腿下落成左前行步站立，左拳向前内旋平冲，右拳收于腰间。（图 3–44②）

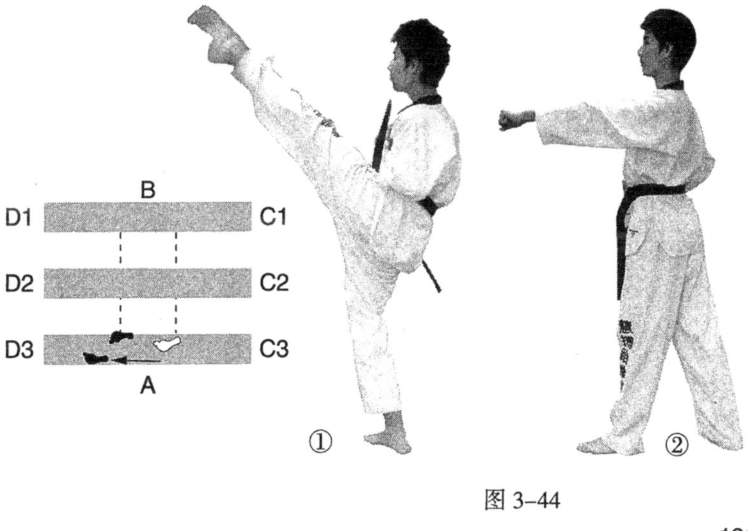


图 3–44

**型 17：** 以右脚为轴，身体右转 180°，左脚向右侧（面向B 方向）上步成左弓步站立；同时，左臂向左下方下截做左下格挡动作，右拳收于腰间。（图 3–45、图 3–45 附图）

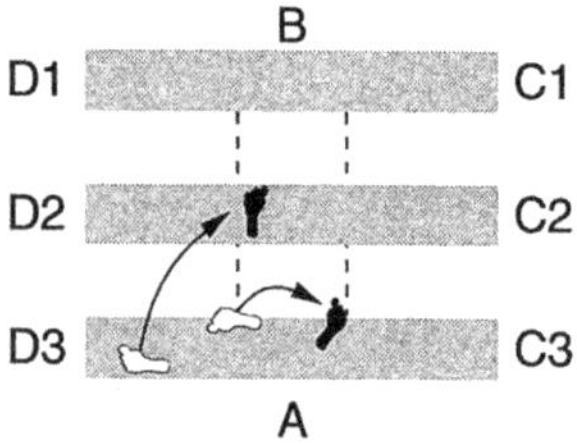

图 3–45

图 3–45 附图

**型 18：** 右脚向前（B 方向）上步成右弓步站立，右拳向前内旋平冲并发声（咿呀!），左拳收于腰间。（图 3–46、图3–46 附图）

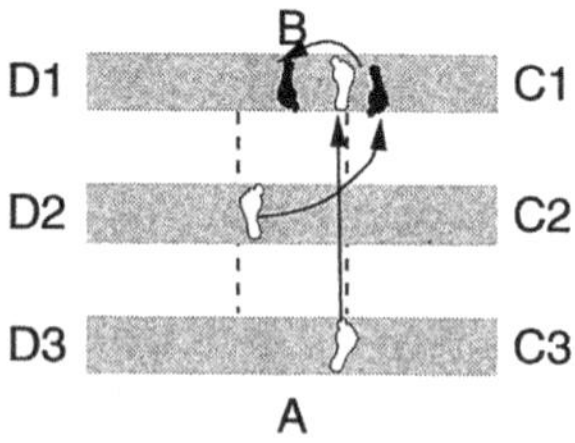

图 3–46

图 3–46 附图

**收势：**以右脚为轴，身体向左侧转体180°（面向 A 方向），左脚向后撤步与右脚平行，两手握拳于腹前，拳心向内，成准备姿势站立。（图 3–47）

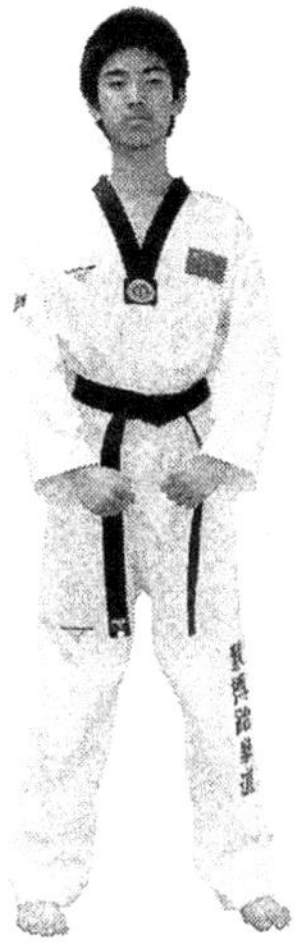

图 3–47

## 二、太极二章

太极二章象征八卦中的“兑”位（图 4–48），这套动作看似温柔实则有力，寓意是外柔内刚。太极二章主要由中段进攻和下、上段防守动作组成，共有 18 个动作。

图 3–48

## 太极二章动作方法

**准备姿势：**同太极一章。

**型 1：**身体向左侧转体（C1 方向）成前行步站立，左臂上抬，右臂下截(图 3–49①)，随即，左臂下截做左下格挡，右拳收于腰间。（图3–49②）

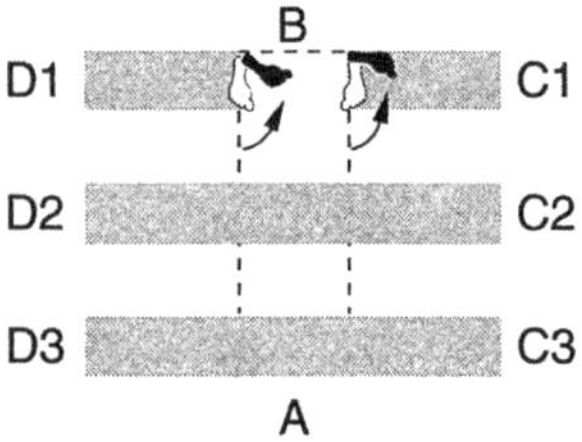

① ②

图 3–49

**型 2：**右脚向前（C1 方向）上步成右弓步站立，右拳向前内旋平冲，左拳收于腰间。（图 3–50）

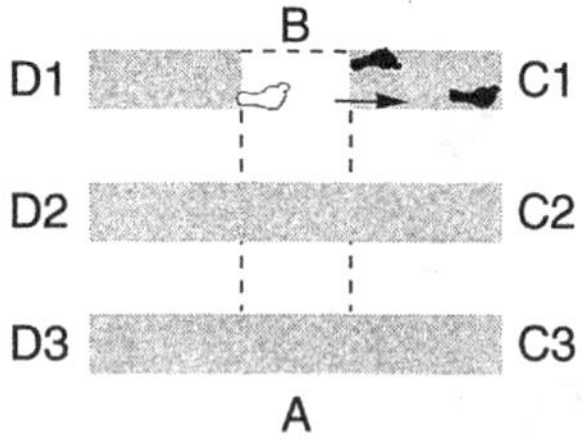

图 3–50

**型 3**：以左脚为轴，身体向右后方（D1 方向）转体 180°，右脚上步成右行步站立，右臂上抬，左臂下截（图 3–51①）；随即，右臂下截做右下格挡，左拳收于腰间。（图 3–51②）

①　　②

图 3–51

**型 4**：左脚向前（D1 方向）上步成左弓步站立；同时，左拳内旋平冲，右拳收于腰间。（图 3–52）

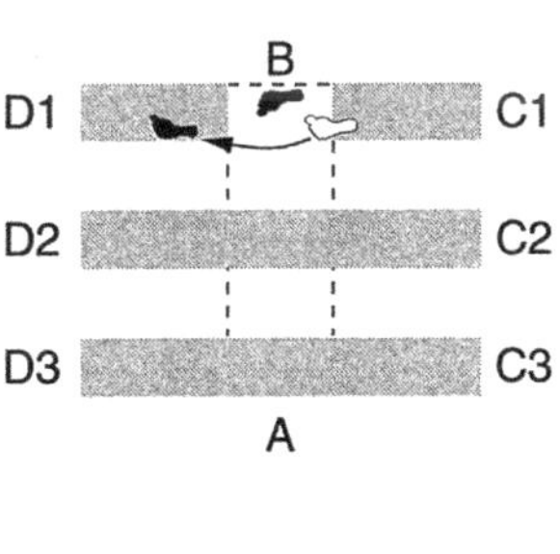

图 3–52

**型 5**：以右脚为轴，身体向左侧转体 90°，左脚向前（A 方向）上步成左行步站立，右臂屈肘上抬至右侧上方，拳高与耳平，左臂屈肘横置于胸前（图 3–53①）；随即，右臂屈肘向里做内中格挡，拳与胸同高，拳心向内，左拳收于腰间。（图3–53②）

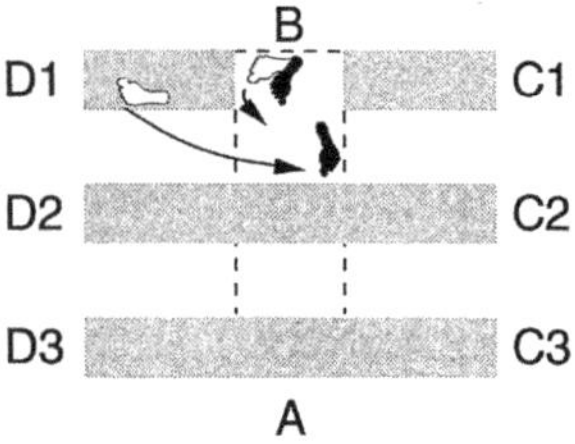

图 3–53

**型 6**：右脚向前上步（A 方向）成右前行步站立；同时，左臂屈肘上抬至左侧上方，拳高与耳平，右臂屈肘横置于胸前（图 3–54①）；随即，左臂屈肘向里做内中格

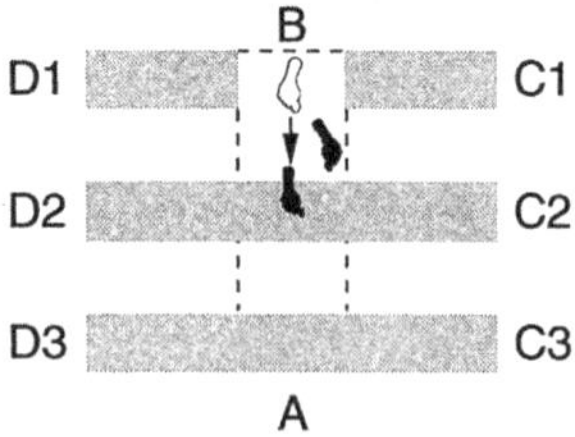

图 3–54

挡，拳与胸同高，拳心向内，右拳收于腰间。（图 3–54②）

**型 7**：以右脚为轴，身体向左侧转体 90°；同时，左脚向前上步（C2 方向）成左行步站立，左臂下截做左下格挡，右拳收于腰间。（图 3–55）

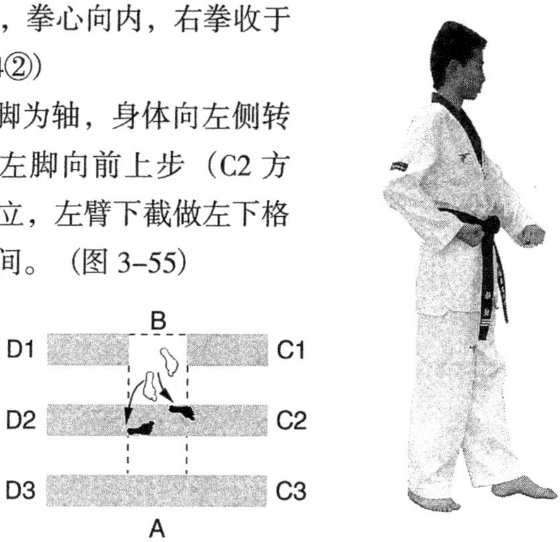


图 3–55

**型 8**：身体重心上提，左腿支撑，右腿做前踢腿动作（图 3–56①）；右腿下落成右弓步站立；同时，右拳内旋平冲，左拳收于腰间。（图 34–56②）

图 3–56

**型 9**：以左脚为轴，身体向右后转体 180°；同时，右脚向前上步（D2 方向）成右行步站立，右臂下截做右下格挡，左拳收于腰间。（图 3–57）

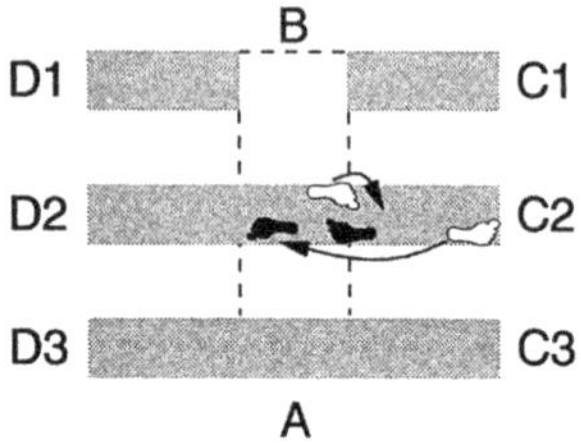

图 3–57

**型 10**：身体重心上提，右腿支撑，左腿做前踢腿动作，两臂置于胸前（图 3–58①）；左腿下落成左弓步站立；同时，左拳内旋平冲，右拳收于腰间。（图 3–58②）

图 3–58

**型 11**：以右脚为轴，身体向左侧转体 90°，左脚向前上步（A 方向）成左行步站立；随即，左臂屈肘上架，做左上格挡，此时左拳置于额前上方，拳心向外，右拳收于腰间。（图 3-59）

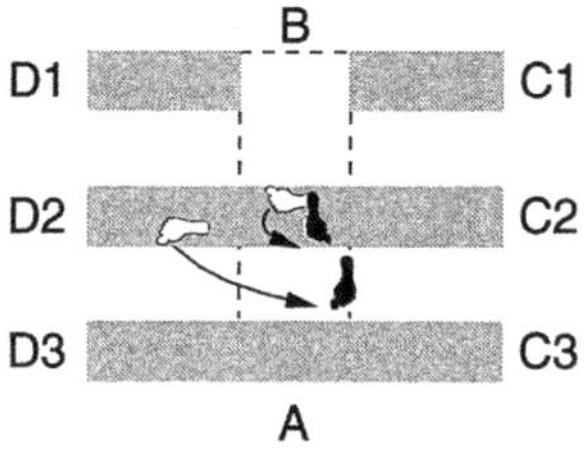

图 3-59

**型 12**：右脚向前（A 方向）上步成右行步站立，右臂屈肘上架做右上格挡，此时右拳置于额前上方，拳心向外，左拳收于腰间。（图 3-60）

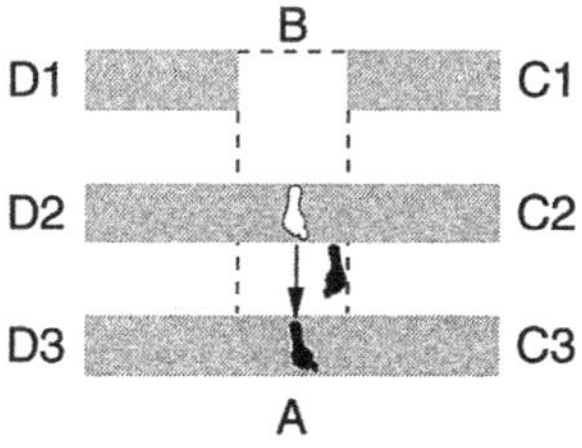

图 3-60

**型 13：**以右脚为轴，身体向左后侧转体 270°；同时，左脚向前（D3 方向）上步成左行步站立，右臂屈肘向里做内中格挡，左拳收于腰间。（图 3-61）

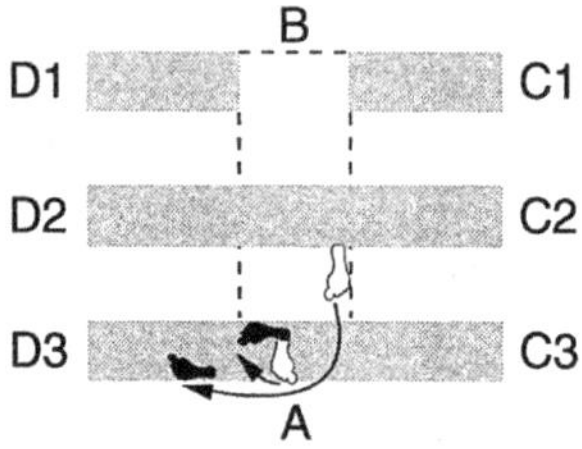

图 3-61

**型 14：**以左脚为轴，身体向右后侧转体，右脚向前（C3 方向）上步成右行步站立，左臂屈肘向里做内中格挡，右拳收于腰间。（图 3-62）

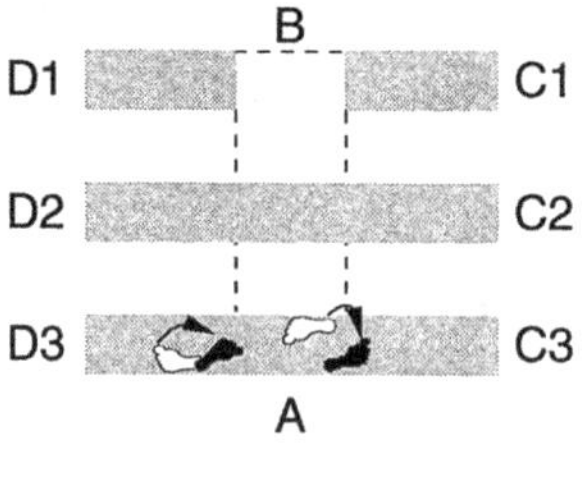

图 3-62

**型 15：** 以右脚为轴，身体向左侧转体，左脚向前（B 方向）上步，左臂下截做左下格挡；同时，右拳收于腰间。（图3–63、图 3–63 附图）

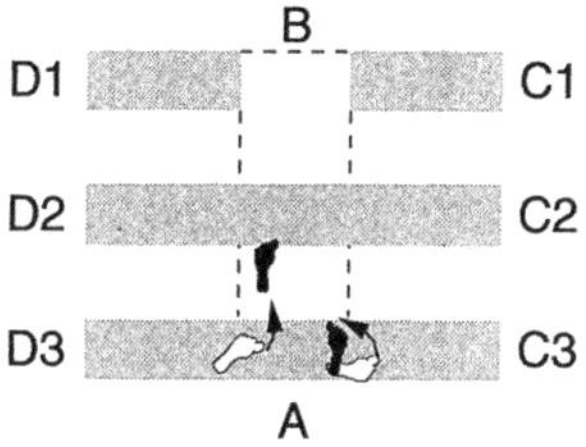

图 3–63

图 3–63 附图

**型 16：** 以左脚支撑，右腿做前踢动作（图 3–64①、图 3–64①附图）；随即，右脚下落成右行步站立；同时，右拳向前内旋平冲，左拳收于腰间。（图 3–64②、图 3–64②附图）

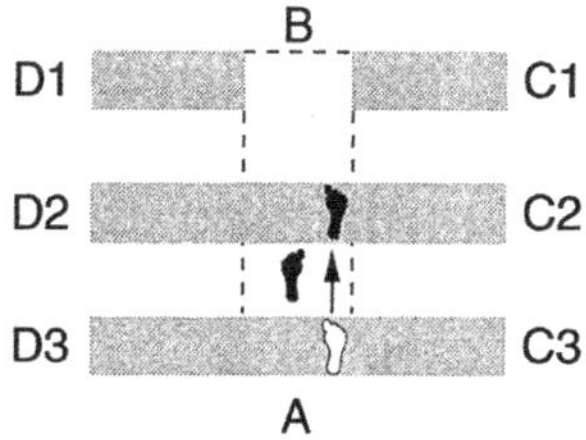

图 3–64①

图 3–64①附图

图 3-64②

图 3-64②附图

**型 17**：以右腿支撑，左腿做前踢动作（图 3-65①、图 3-65①附图）；左腿下落成左行步站立，左拳向前内旋平冲，右拳收于腰间。（图 3-65②、图 3-65②附图）

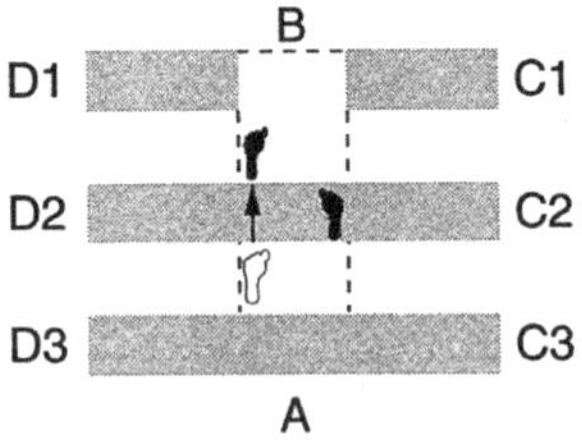

图 3-65①

图 3-65①附图

图 3-65②

图 3-65②附图

**型 18：** 以左腿支撑，右腿做前踢动作（图 3-66①、图3-66①附图）；右腿下落成右行步站立，右拳向前内旋平冲并发声（咿呀!），左拳收于腰间。（图 3-66②、图 3-66②附图）

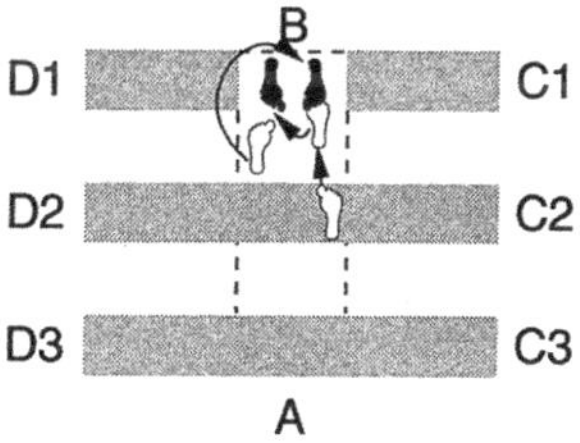

图 3-66①

图 3-66①附图

图 3–66②

图 3–66②附图

**收势：**同太极一章。

## 三、太极三章

太极三章象征八卦中的“离”位（图 3–67），寓意是火，也就是炎热而光亮的意思。因此，太极三章都是由充满活力和斗志的动作组成，主要由下、中段防守和正拳、前踢的进攻动

图 3–67

作组成，另外，太极三章还增加了手刀的进攻和防守动作，目的是锻炼进攻和防守的敏捷性，太极三章共有 20 个动作。

## 太极三章动作方法

**准备姿势：** 同太极一章。

**型 1：** 身体向左侧转体（C1 方向）成前行步站立，左臂下截做左下格挡，右拳收于腰间。（图 3–68）

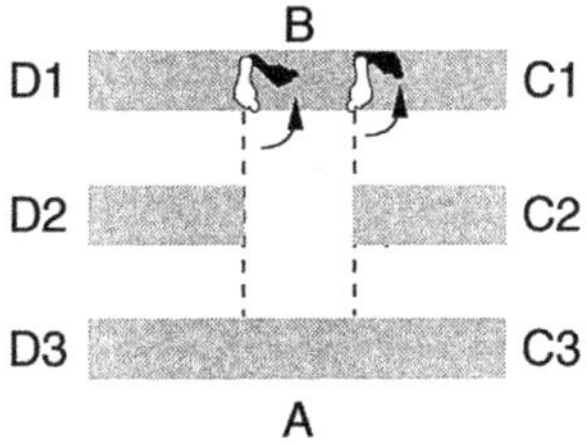

图 3–68

**型 2：** 以左腿支撑，身体重心上提，右腿做前踢动作（图3–69①），右腿下落成右弓步站立，右拳向前内旋平冲，左拳收于腰间（图 3–69②），然后左拳向前内旋平冲，右拳外旋收回于腰间。（图 3–69③）

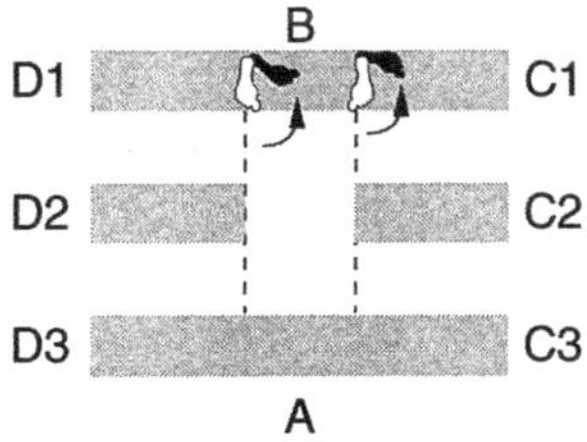

①

② ③

图 3-69

**型 3：**以左脚为轴，身体向右后侧转体 180°，右脚向前（D1）上步成右前行步站立，右臂下截做右下格挡，左拳收于腰间。（图 3-70）

图 3-70

**型 4**：以右腿支撑，身体重心上提，左腿做前踢动作，两臂屈肘置于胸前（图 3–71①），左腿下落成左弓步站立，左拳向前内旋平冲，右拳收于腰间（图 3–71②），然后右拳向前内旋平冲，形成连续攻击，左拳外旋收回于腰间。（图 3–71③）

图 3–71

**型 5**：以右脚为轴，身体向左侧转体 90°，左脚向前（A 方向）上步成左行步站立；随即，右拳变手刀，由外向内横砍，高与颈齐，肘关节夹角在 130°左右，左拳收于腰间。（图 3–72①②）

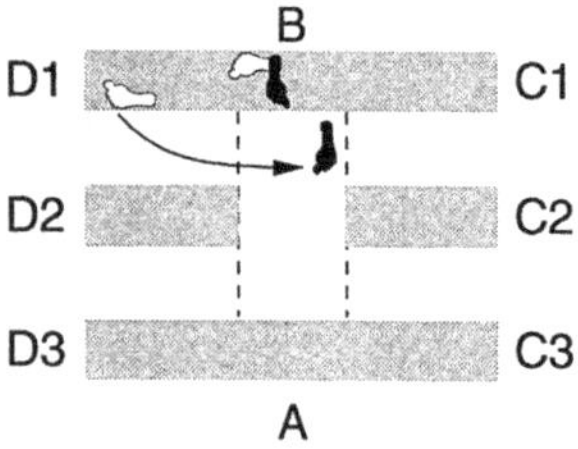

①　　②

图 3–72

**型 6**：右脚向前（A 方向）上步成右行步站立，左拳变手刀由外向内横砍，高与颈齐，肘关节夹角在 130°左右，右拳收于腰间。（图 3–73）

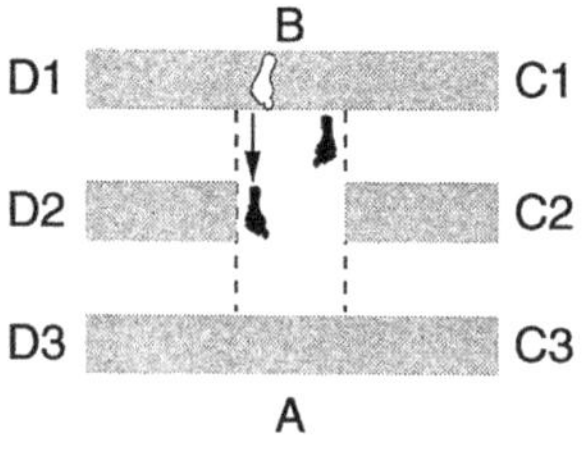

图 3–73

**型 7**：以右脚为轴，身体向左侧转体 90°，左脚向前（C2 方向）上步，两膝微屈成左三七步站立，左手刀向外格挡，高与肩平，右拳收于腰间。（图 3-74）

图 3-74

**型 8**：左脚向前进半步，成左弓步站立；随即，右拳向前内旋平冲，左手刀变拳收于腰间。（图 3-75）

图 3-75

**型 9：**以左脚掌为轴，身体向右后侧（D2 方向）转体 180°；同时，右脚微后撤成右三七步，右手刀向外格挡，高与肩平，左拳收于腰间。（图 3–76）

图 3–76

**型 10：**右脚向前（D2 方向）进半步，成右弓步站立，左拳向前内旋平冲，右手刀变拳收于腰间。（图 3–77）

图 3–77

**型 11**：以右脚为轴，身体向左侧转体 90°；同时，左脚向前（A 方向）上步成左行步站立，右臂屈肘，右手握拳向内横格，拳心向内，左拳收于腰间。（图 3–78）

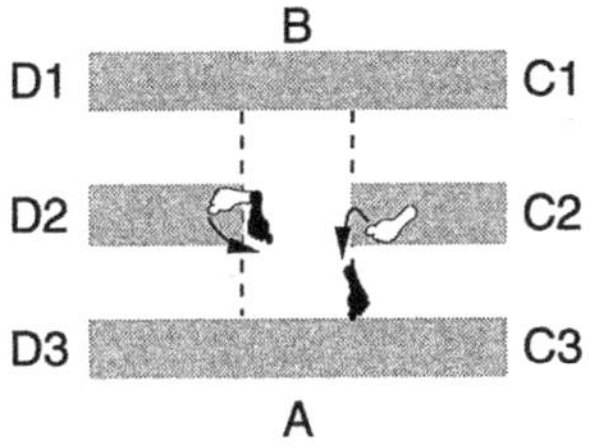

图 3–78

**型 12**：右脚向前上步成右行步站立，左臂屈肘，左手握拳向内横格，拳心向内，右拳收于腰间。（图3–79）

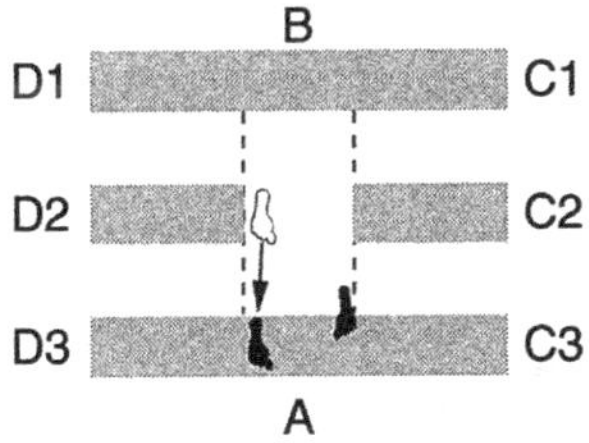

图 3–79

**型 13**：以右脚为轴，身体向左后侧转体 270°，左脚向前（D3 方向）上步成左行步站立，左拳下截做左下格挡，右拳收于腰间。（图 3–80）

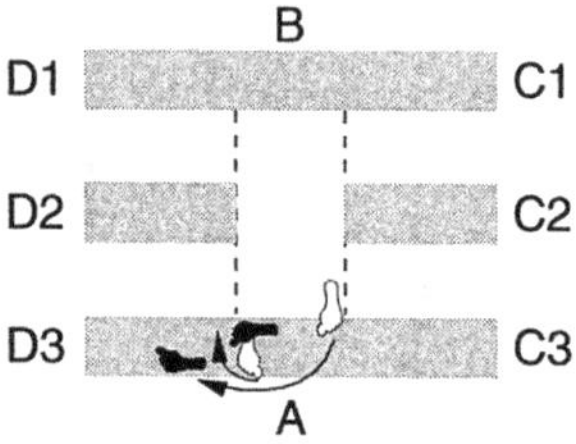

图 3–80

**型 14**：左脚支撑，右脚做前踢腿动作（图 3–81①），右腿下落成右弓步站立；同时，右拳向前内旋平冲，左拳收于腰间（图 3–81②）；随即，左拳向前内旋平冲，右拳收于腰间。（图 3–81③）

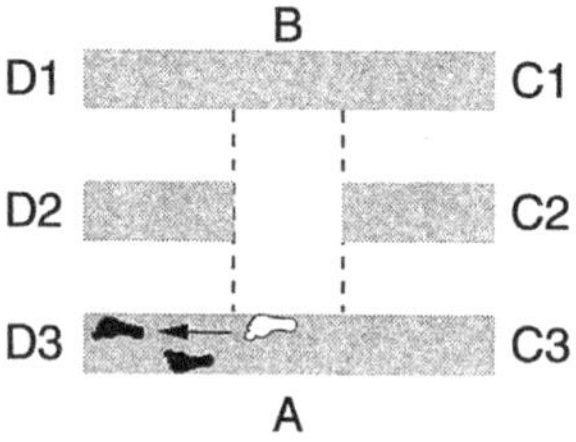

①

图 3-80

**型 15**：以左脚为轴，身体向右后侧转体 270°，右脚向前（C3 方向）上步成右前行步站立，右拳下截做右下格挡，左拳收于腰间。（图 3-82）

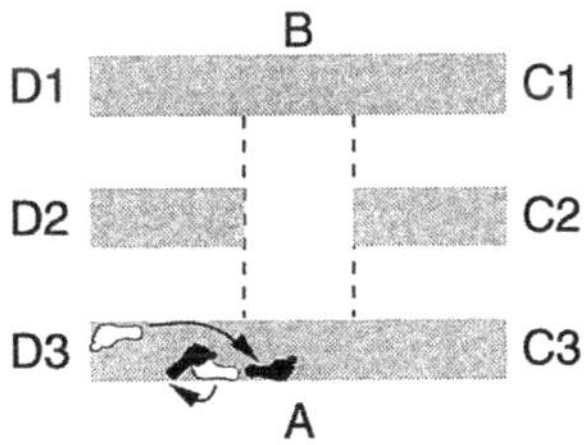

图 3-82

**型 16：**右脚支撑，左脚做前踢腿动作，两拳置于胸前（图 3–83①），左腿下落成左弓步站立；同时，左拳向前内旋平冲，右拳收于腰间（图 3–83②）；随即，右拳向前内旋平冲，左拳收于腰间。（图 3–83③）

图 3–83

**型 17**：以右脚为轴，身体向左侧转体 90°，左脚向前（B 方向）上步成左行步站立，左拳下截做左下格挡，右拳收于腰间（图 3-84①、图 3-84①附图）；步型不变，右拳向前内旋平冲，左拳收于腰间。（图 3-84②、图 3-84②附图）

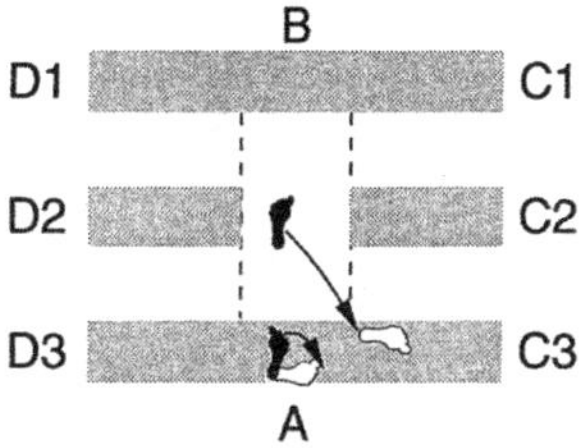

图 3-84①

图 3-84①附图

图 3-84②

图 3-84②附图

**型 18**：右脚向前（B 方向）上步成右行步站立，右拳下截做右下格挡，左拳收于腰间（图 3–85①、图 3–85①附图）；步型不变，左拳向前内旋平冲，右拳收于腰间。（图 3–85②、图 3–85②附图）

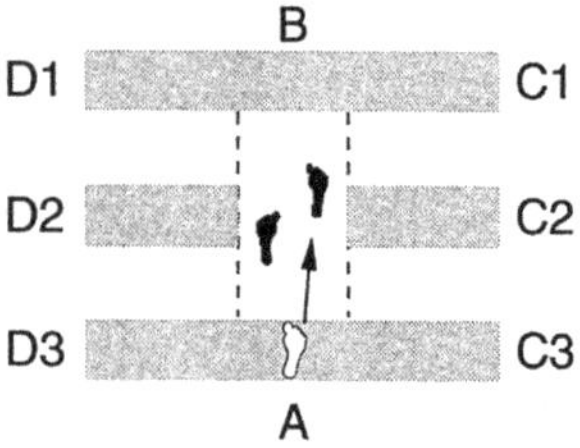


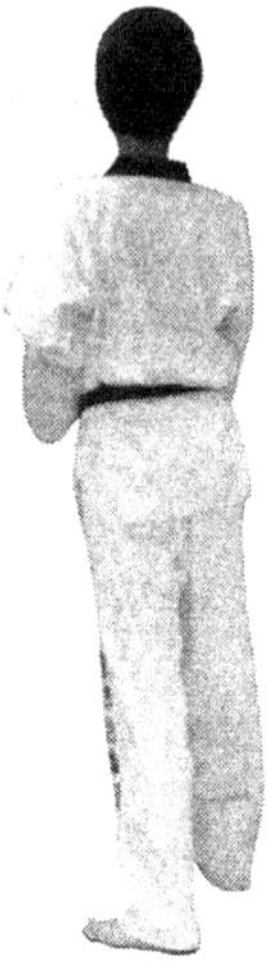

图 3–85①

图 3–85①附图

图 3–85②

图 3–85②附图

**型 19：** 右脚支撑，左脚做前踢腿动作，两臂置于胸前（图 3-86①、图 3-86①附图）；左腿下落成左前行步站立，左臂下截做左下格挡，右拳收于腰间（图 3-86②、图 3-86②附图）；步型不变，右拳向前内旋平冲，左拳收于腰间。（图 3-86③、图 3-86③附图）

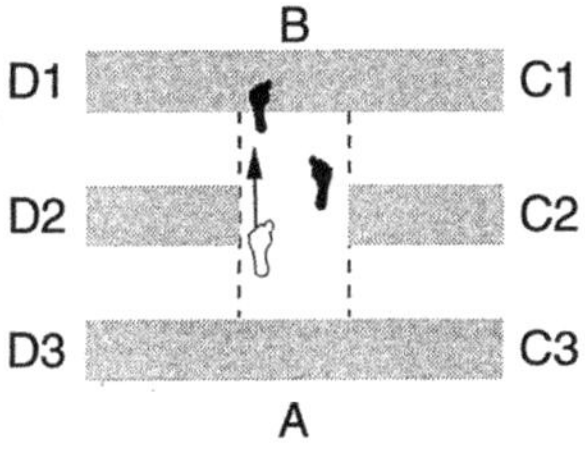

图 3-86①

图 3-86①附图

图 3-86②

图 3-86②附图

图 3-86③

图 3-86③附图

**型 20**：左脚支撑，右脚做前踢腿动作，两臂置于胸前(图 3-87①、图 3-87①附图)；右腿下落成右前行步站立，右臂下截做右下格挡，

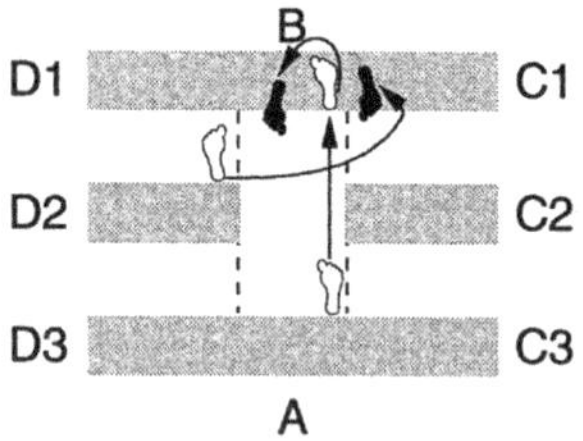

图 3-87①

图 3-87①附图

左拳收于腰间（图 3-87②、图 3-87②附图）；步型不变，左拳向前内旋平冲并发声(咿呀!)，右拳收于腰间。（图 3-87③、图 3-87③附图）

图 3-87②

图 3-87②附图

图 3-87③

图 3-87③附图

**收势：**同太极一章。

## 四、太极四章

太极四章象征八卦中的“震”位（图 3–88），震为雷，寓意是强大的力量，具有警戒心，虔诚的态度和毅然的权威。太极四章主要是由手刀的攻防和内外的格挡防守以及前踢等腿法组成，另外，太极四章还增加了侧踢腿的进攻动作，演练难度较之前三章大一些，太极四章共有 20 个动作，大家在演练时要表现出从容镇定、威严自信的心理特点。

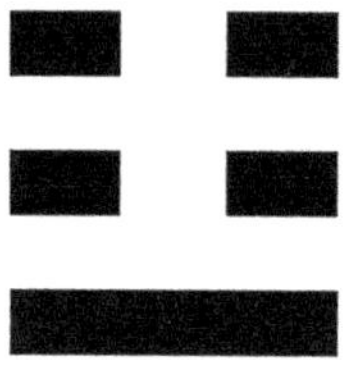

图 3–88

### 太极四章动作方法：

**准备姿势：**同太极一章。

**型 1：**身体向左侧转体 90°，左脚向前（C1 方向）上步成左三七步站立；同时，两拳变手刀，左手刀向左侧横截，高与肩平，右手刀置于胸前，掌心向上。（图 3–89）

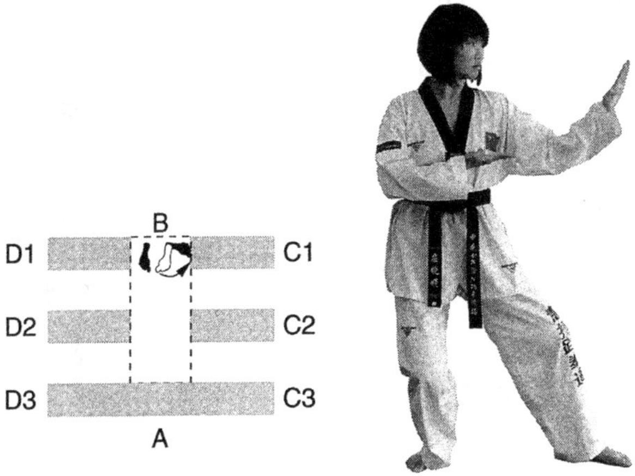


图 3–89

**型 2**：右脚向前（C1 方向）上步成右弓步站立，左手向下按掌（防守对方的前踢进攻），右手成贯手（插掌指尖向前）向前插击，右臂伸直，左掌置于右腋下。（图 3–90）

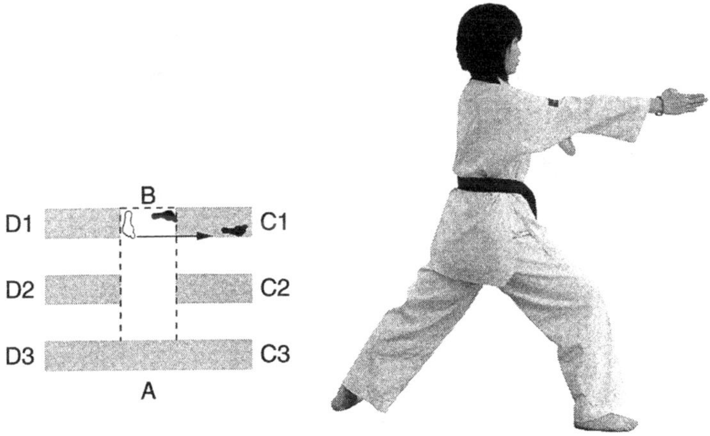


图 3–90

**型 3：**以左脚为轴，身体向右后侧转体 180°，右脚向前（D1 方向）上步成右三七步站立；同时，两拳变手刀，右手向右侧横截，高与肩平，左手刀置于胸前，掌心向上。(图 3–91)。

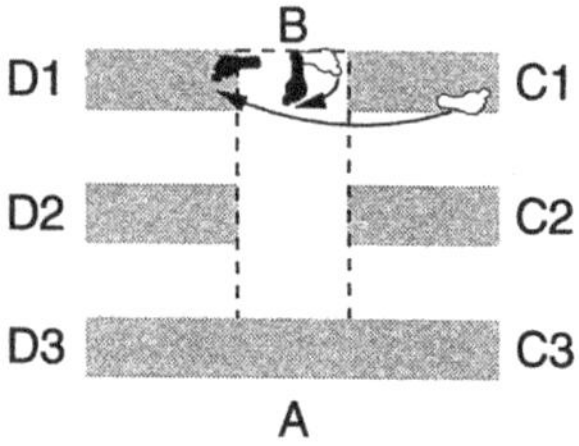

图 3–91

**型 4：**左脚向前（D1 方向）上步成左弓步站立，右手向下按掌（防守对方的前踢进攻），左手成贯手（插掌指尖向前）向前插击，左臂伸直，右掌置于腋下。（图 3–92）

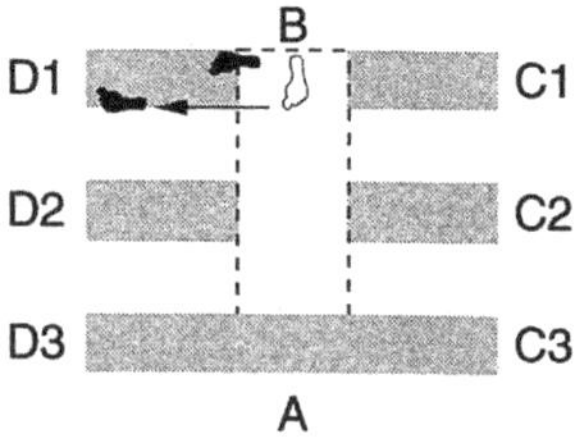

图 3–92

**型 5**：以右脚为轴，身体向左侧转体 90°，左脚向前（A 方向）上步成左弓步站立；同时，左臂屈肘上架置于额前，右手刀向内横砍，手心向上（攻击对方的颈部）。（图 3–93）

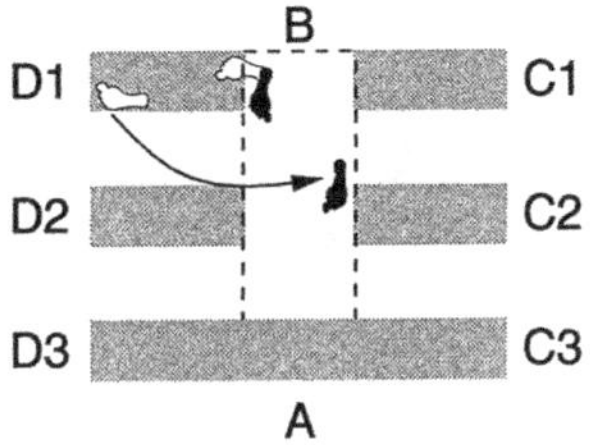

图 3–93

**型 6**：左腿支撑，右腿向前做前踢腿动作，两手刀变拳置于胸前（图 3–94①），右脚放松下落成右弓步站立，左拳向前内旋平冲，右拳收于腰间。（图 3–94②）

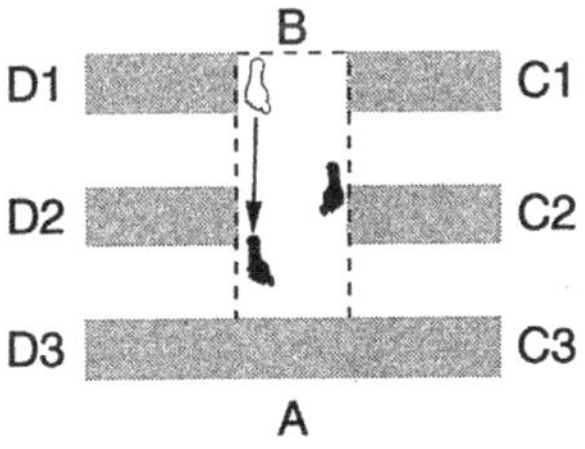

①　②

图 3–94

**型 7**：以右脚为轴，右脚向外旋约 90°；同时，左腿向前做侧踢动作，力达脚掌，两拳自然置于体侧。（图 3–95）

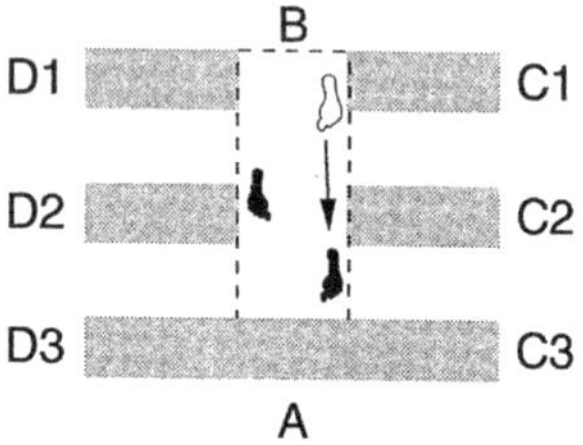

图 3–95

**型 8**：左脚放松前落，以左脚为轴，左脚外旋约 90°；同时，右腿向前做侧踢动作，力达脚掌，两拳自然置于体侧（图 3–96①）；右脚放松下落成右三七步；同时，两拳变手刀，右手刀向右侧横截，高与肩平，左手刀置于胸前，掌心向上。（图 3–96②）

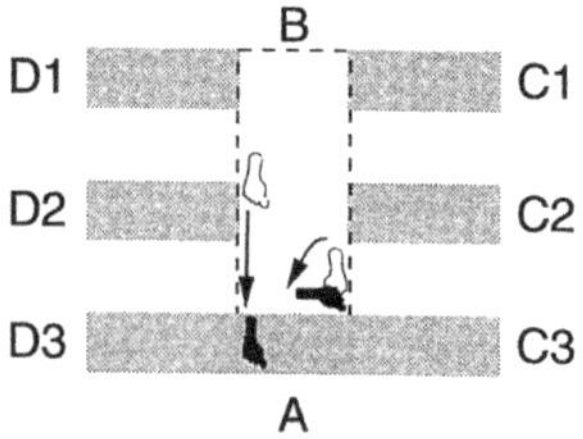

① ②

图 3–96

**型 9：** 以右脚为轴，身体向左后侧转体 270°，左脚向前（D3 方向）上步成左三七步站立，左手刀变拳向外横截格挡，拳心向下，右手刀变拳收于腰间。（图 3–97）

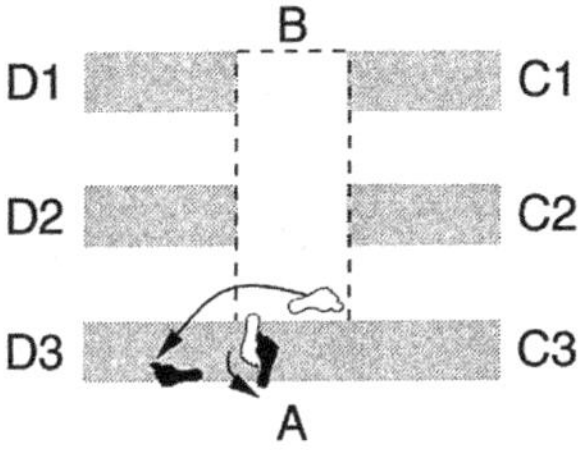

图 3–97

**型 10：** 左腿支撑，右腿做前踢腿动作，两臂置于胸前（图 3–98①）；随即，右脚向后落地，成左三七步站立，右臂屈肘向内格挡，拳心向上，左拳收于腰间。（图 3–98②）

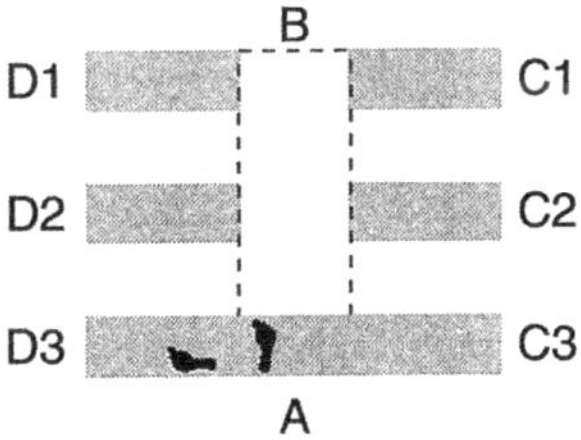

①　　②

图 3–98

**型 11**：以双脚为轴，身体向右后侧转体 180°（面向 C3 方向）成右三七步站立，重心落于左脚，右臂屈肘向外横截做中格挡动作，拳心向下，左拳收于腰间。（图 3–99）

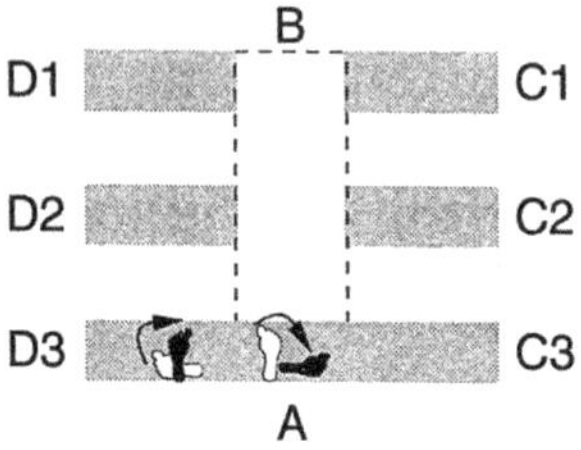

图 3–99

**型 12**：右腿支撑，左腿做前踢腿动作，两臂置于胸前(图3–100①)；随即，左脚向后落地，成右三七步站立，左臂屈肘向内格挡，拳心向上，右拳收于腰间。(图 3–100②)

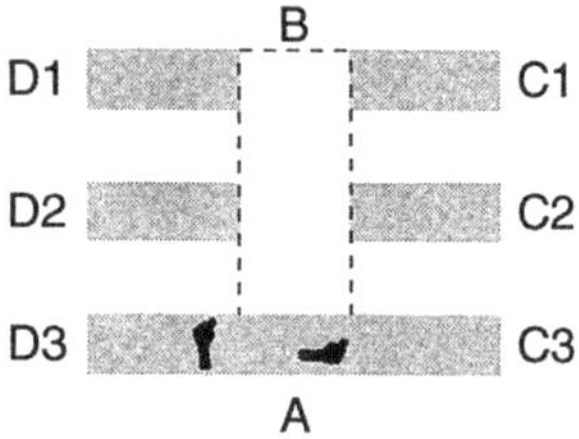

①　　②

图 3–100

**型 13**：以右脚为轴，身体向左侧转体 90°，左脚向前（B 方向）上步成左弓步站立；同时，两拳变手刀，左臂屈肘上架置于额前上方，右手刀向内横砍，掌心向上（攻击对方的颈部）。（图 3-101①、图 3-101①附图）

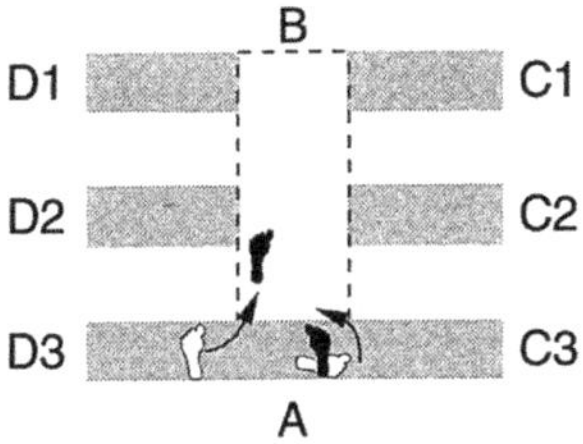

图 3-101①

图 3-101①附图

**型 14**：左腿支撑，右腿做前踢腿动作，两手刀变拳置于胸前（图 3-102①、图 3-102①附图）；右腿下落成右弓步站立，右臂屈肘向内横格，拳心向上，左拳收于腰间。（图 3-102②、图 3-102②附图）

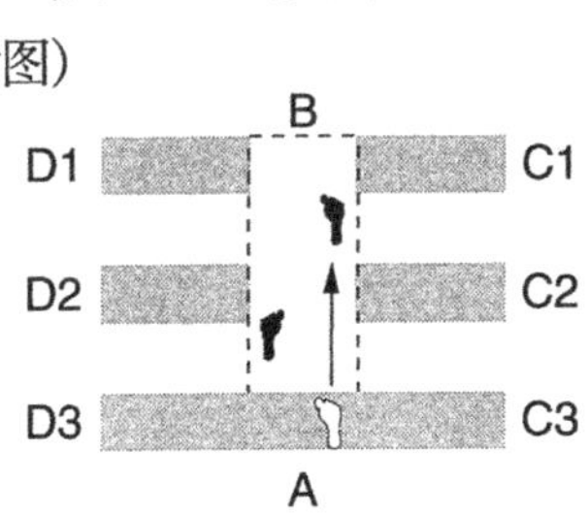

图 3-102①

图 3-102①附图

图 3-102②

图 3-102②附图

**型 15：**以右脚为轴，身体向左侧转体，左脚向前（D2 方向）上步成左行步站立；同时，左拳向内横格，拳心向上，右拳收于腰间。（图 3-103）

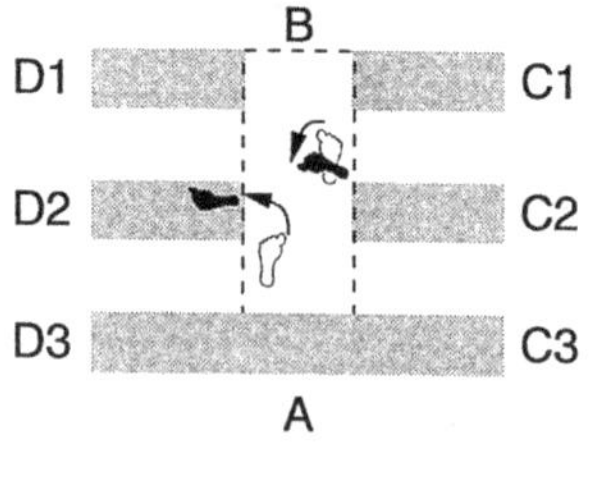

图 3-103

**型 16**：步型不变，右拳向前内旋平冲，左拳收于腰间。（图 3–104）

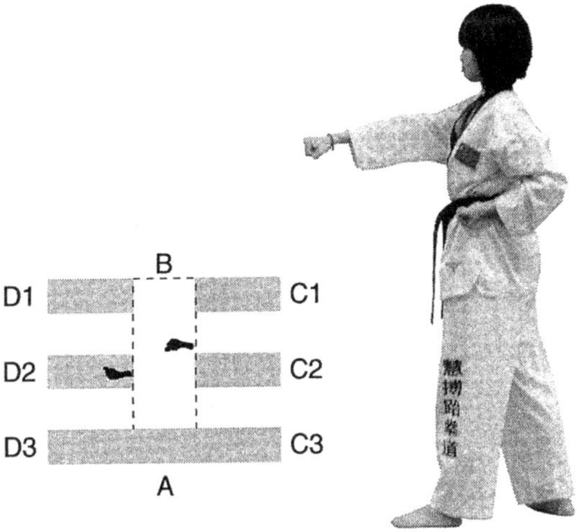


图 3–104

**型 17**：以双脚为轴，身体向右后侧转体 180°（面向 C2 方向）成右行步站立；同时，左臂屈肘外截，拳心向内。（图3–105）

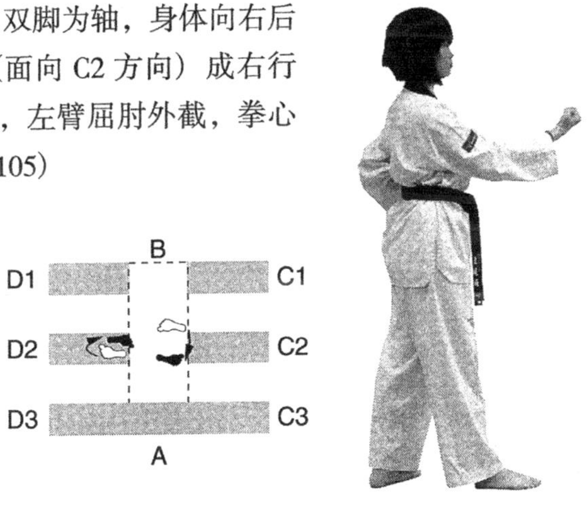


图 3–105

**型 18**：步型不变，左拳向前内旋平冲，右拳收于腰间。（图 3–106）

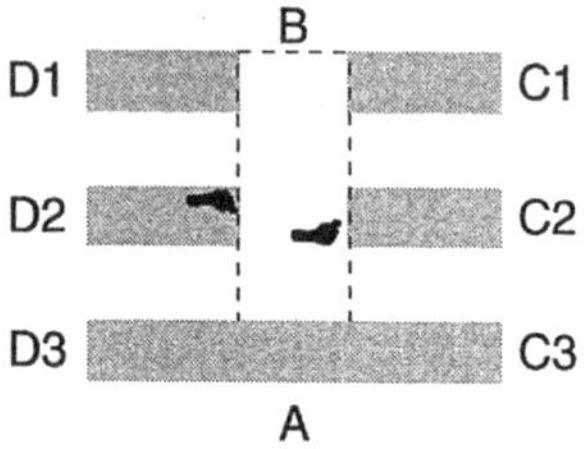

图 3–106

**型 19**：以右脚为轴，身体向左侧转体 90°，左脚向前（B 方向）上步成左弓步站立，左臂屈肘向内横格（中格挡），拳心向上，右拳收于腰间（图 3–107①）、图 3–107①附图）；步型不变，右拳向前内旋平冲并发

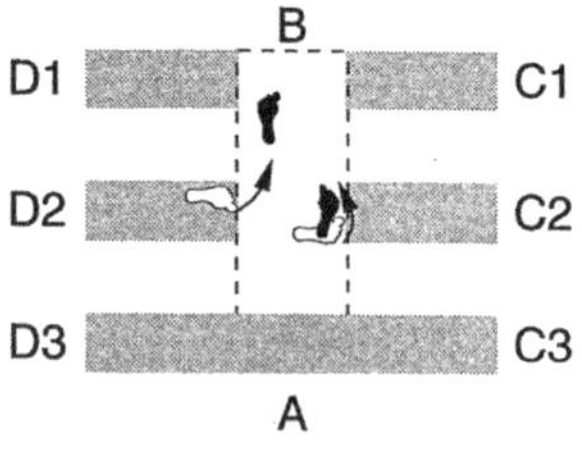

图 3–107①

图 3–107①附图

声，左拳收于腰间（图3–107②、图3–107②附图）；动作不停，左拳向前内旋平冲，右拳收于腰间。（图3–107③、图3–107③附图）

图3–107②

图3–107②附图

图3–107③

图3–107③附图

**型 20**：左脚不动，右脚向前（B 方向）上步成右弓步站立，右臂屈肘向内横格（中格挡），拳心向上，左拳收于腰间（图 3–108①、图 3–108①附图）；步型不变，左拳向前内旋平冲，右拳收于腰间（图 3–108②、图 3–108②附图）；动作不停，右拳向前内旋平冲，左拳收于腰间（图 3–108③、图 3–108③附图）

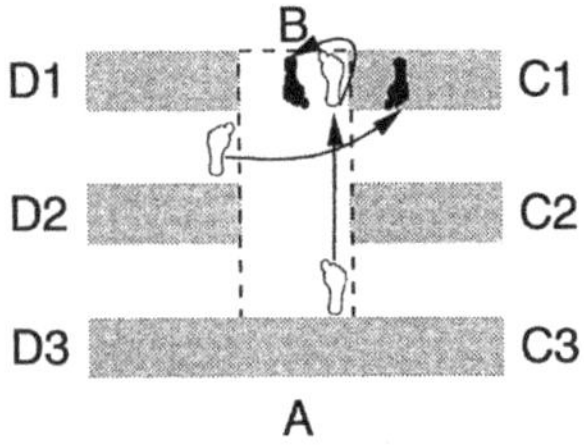

图 3–108①

图 3–108①附图

图 3–108②

图 3–108②附图

图 3-108③

图 3-108③附图

**收势：**同太极一章。

# 第四章　跆拳道的身体素质训练

## 第一节　柔 韧 训 练

柔韧性练习一般安排在热身练习后。柔韧练习一方面为了活动关节、牵拉韧带；另一方面为提高柔韧素质、增大肌肉和关节的韧性，从而提高腿法及品势演练的质量。

要求：柔韧练习要安排在热身后，练习时，要循序渐进以免造成运动损伤。

### 一、马步拉伸

**【动作方法】**

马步站立，双手放于两膝上，身体向左转体，左肩向下振压，做侧拉伸动作（图 4–1①）；然后向右转体做侧拉伸动作，练习 2~4 个 8 拍。（图 4–1②）

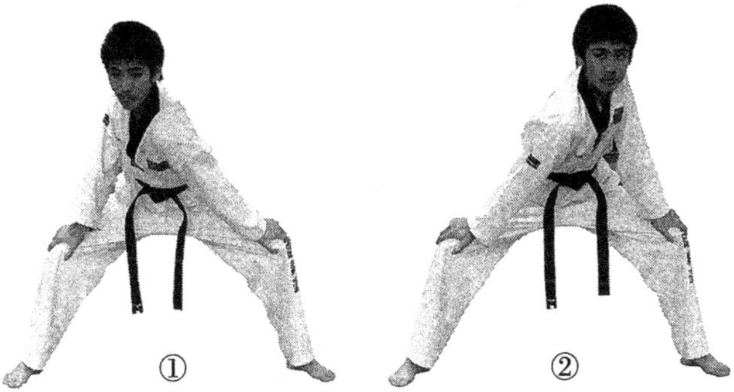

图 4–1

## 二、压　腿

**【动作方法】**

一腿支撑，另一腿放在一定高度的物体上向前振压，也可以将腿放在同伴的肩上向前、向后振压，练习 30 次左右，振压的幅度可以逐渐增大。（图 4–2①②）

图 4–2

## 三、虚步压腿

**【动作方法】**

并步站立，一腿屈膝支撑，另一腿向前侧伸直，脚跟触地，脚尖勾紧上翘；上体前俯，双手握住脚掌，两臂屈肘，双手用力后拉，用前额或下颌接触脚尖；练习 2~4 个 8 拍，左右交替进行。（图 4–3①②）

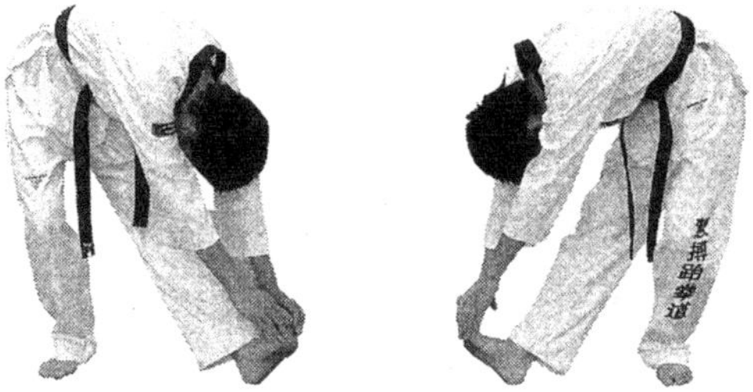

① ②

图 4–3

## 四、弓步压腿

**【动作方法】**

两腿前后开立，左脚在前，左小腿与地面垂直，右腿在后，两脚间距尽量拉大，左手扶于左膝上，右手扶地支撑，向下振压。左右交替进行，练习 2~4 个 8 拍。（图 4–4①②）

图 4–4

## 五、坐位屈腿体前屈

**【动作方法】**

坐在地板上，双手扶两脚掌，两膝向下振动（图 4–5①）；此动作做两个 8 拍后，膝盖放松，屈身向前，以前额部位接触脚趾，练习 2~4 个 8 拍。（图 4–5②）

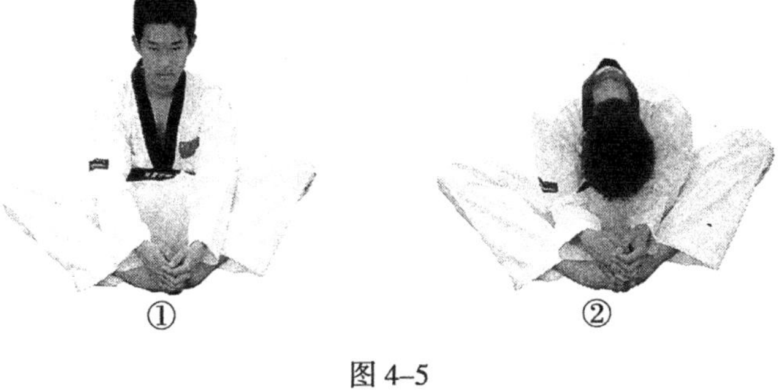

图 4–5

## 六、坐位体前屈

**【动作方法】**

坐在地板上，双腿伸直，双手尽力向前，用头部接触脚尖，练习 2~4 个 8 拍。（图 4-6①②）

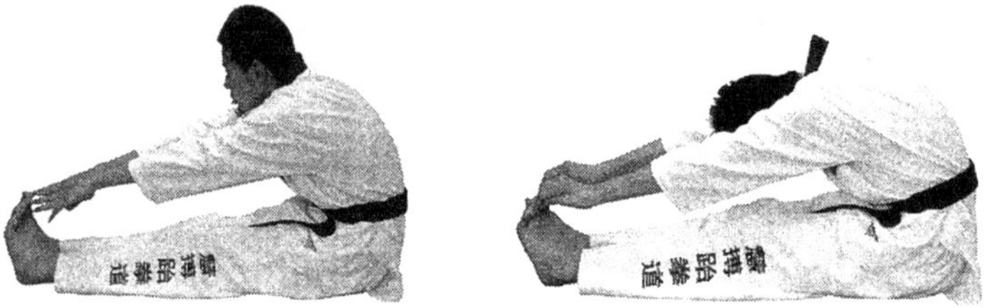

①　　②

图 4-6

## 七、腿和背的拉伸

1）坐在地板上，左腿向前伸直，右腿向后弯曲，双手向前伸两次，向后转两次（图 4-7①②）；做两个 8 拍后，右腿在前，左腿在后，动作与前一次相同。

①　　②

图 4-7

2）坐在地板上，一条腿向前伸直，另一条腿弯曲，脚后跟碰到大腿内侧，上体向前振压，左右交替练习 2~4 个 8 拍。(图 4–8①②)

①

②

图 4–8

## 八、分腿侧压

**【动作方法】**

两腿左右分开，坐在地板上，上体向左侧转体，尽量使胸、腹部贴在左腿上；同时，双手抓住左脚，身体用力向下压。练习时，左右交替进行（图 4–9①②）；分腿侧压主要用于练习髋关节的灵活性。

①

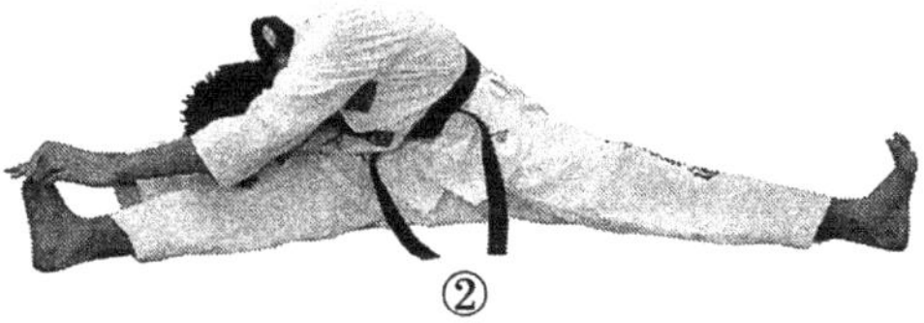

②

图 4–9

## 九、劈　腿

劈腿也叫劈叉。分为横叉和竖叉两种。劈叉练习时要循序渐进，切不可急功近利，以免造成拉伤。

### 1. 竖　叉

竖叉主要用来练习大腿后侧和髋关节的柔韧性。

**【动作方法】**

两腿前后分开，成一条直线。前腿的脚后跟、小腿肚、大腿后侧的肌群贴紧地面；脚尖勾起，后腿的脚背、膝关节和股四头肌压紧地面。脚尖指向正后方。髋关节与两腿垂直，臀部压紧地面，上体正直，可以做上体前俯压紧前腿，亦可做上体后屈向后压振动作（图 4–10）；练习时左右腿交替进行，动作幅度由小到大逐渐用力。

图 4–10

### 2. 横　叉

横叉主要用来练习两腿内后侧和髋关节的柔韧性。

【动作方法】

两腿左右一字伸开，双手可以辅助支撑。两腿的内后侧部位着地，压紧地面，两脚的脚跟着地，两脚尖向两侧伸展或勾紧，髋关节放松成一字型。可上体前俯，亦可以上体向左或右侧倒。充分拉伸大腿内、后侧肌肉。（图 4–11）

图 4–11

## 十、体后屈

体后屈主要用于练习大腿前侧、踝关节和腰部的灵活性。

【动作方法】

运动员跪在垫子上，两腿并拢放在臀部下，脚背贴地，身体后倒，仰卧在垫子上数秒钟后起立。（图 4–12①②）

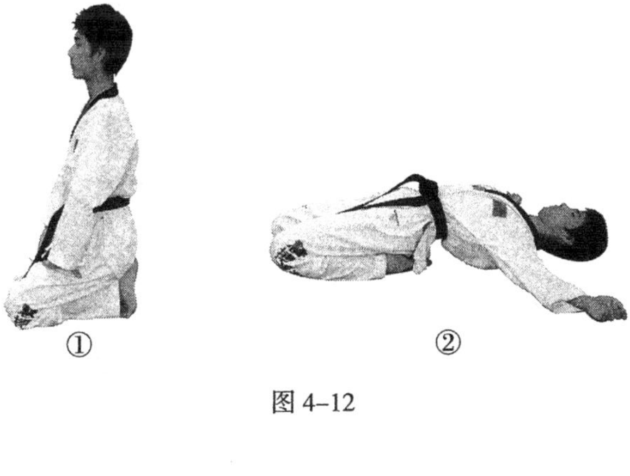

①　②

图 4–12

# 第二节 速度训练

跆拳道的速度素质包括动作速度、反应速度以及动作速率。跆拳道的速度训练重点是要提高运动员的反应速度和动作速度。运动生理学研究表明：一个人的反应速度主要受遗传的影响，后天的训练并不能从根本上改变人的反应速度。速度训练的目的是把每个人受遗传因素影响的最快反应速度稳定下来。在训练中通常会采取以下的方法：

## 一、动作速度的训练方法

### 1. 单个动作速度练习

单个动作速度训练的方法，一人实战姿势站好，等教练或同伴发出声音或信号后以最快的速度进行攻防动作练习。

### 2. 组合技术速度练习

在单个动作技术掌握熟练后可以进行组合技术练习，将两个或两个以上的动作进行组合，听到教练声音或信号后快速完成。

### 3. 利用冲刺跑、下坡跑、加速跑、后蹬跑等练习不同状况下的动作速度

速度耐力的本体感觉，会对提高动作速度提供最直接的身体感觉。这种感觉在跆拳道中表现为可以提高动作的加速度，提高步法的移动速度。

#### 4. 单位时间内快速完成动作数量训练

规定时间内（1 秒或几秒）完成快速冲拳或出腿练习，单位时间内完成的数量越多效果越好。

#### 5. 利用负重的方法练习

在负重的条件下做拳法或腿法练习，去掉负重后会提高动作速度。

### 二、反应速度训练方法

#### 1. 打移动靶练习

教练员或同伴拿靶，在移动中突然示靶，运动员根据不同靶位快速作出反应。运动员打靶后教练员可以用靶进行反击，让运动员作出防守动作。

#### 2. 条件实战法

规定一方进行主动进攻，另一方进行防守反击，防守反击的一方要根据主动进攻一方的动作作出选择性的反击动作。

#### 3. 远距离攻防练习法

双方在一定距离限制下，互不接触，一方以各种技术动作进攻，另一方作出相应的反击。

#### 4. 实战练习法

实战是练习跆拳道复杂反应的最好办法，经常与不同对手进行实战，可培养运动员的应变能力，提高竞技水平。

### 三、速度训练的注意事项

1. 速度训练时，要按规格要求完成动作，所选用的动作应是练习者已经熟练掌握的，练习的时间不宜过长。以 30秒一组为宜，一般不要超过 1 分钟。

2. 负重练习时，重物的重量要比最大力量练习时的小。进行反应训练或条件实战时，要从比赛的角度出发，讲究实效性。

3. 速度训练具有很大的训练强度，因此训练量不宜过大。要掌握好间歇时间和休息方式，间歇的时间应保证后一次练习完成的速度在一定的范围内不低于前一次。

## 第三节　耐力训练

激烈的对抗对运动员的体力消耗是很大的；在这种情况下如果没有充沛的体力作为保证，技战术的发挥就会受到影响。因此要想取得比赛的胜利，耐力训练也是不可忽视的。耐力训练可分为有氧耐力和无氧耐力两种。

### 一、有氧耐力训练

进行有氧耐力训练主要采用强度小、负荷时间长的方法。我们在训练中经常采用的方法有以下几种：

### 1. 越野跑

以心率为指标控制在每分钟150次左右，负荷时间为30~60分钟。也就是说，在心率为150次左右的情况下进行30~60分钟的越野跑训练，要坚持跑完全程。

### 2. 10~15分钟跳绳练习

在10~15分钟的时间内进行跳绳练习，并且要求保持跳动频率不变。可以变换跳动方式，如单脚跳、双脚跳等。

### 3. 组合技术空击练习

采用各种进攻与防守动作练习，要求动作快速、连续、协调、间歇时间短。做5~8组，每组2~3分钟，组间休息1分钟。

### 4. 一人对多人的车轮战

练习者1人与3人或4人陪练进行逐一实战或条件实战。比赛时间为每局2~3分钟，练习者不得休息，连续进行，每局换一位体力充沛者与其对阵。

## 二、无氧耐力训练

进行无氧耐力训练主要采用负荷时间短、练习密度大、间歇时间短的练习方法。在跆拳道训练中经常采用以下几种方法；

### 1. 上下台阶法

练习者面对台阶以最快的速度冲刺上台阶，然后放松走下来，每组8~10分钟，间歇1~3分钟，做2~3组。

### 2. 30 米、60 米、100 米冲刺跑

间歇 30 秒~1 分钟，做 3~5 组。

### 3. 400 米、800 米变速跑

在 400 米跑道上，直道时全速冲刺跑（80~100 米），弯道时进行放松走，间歇 30 秒~2 分钟，做 3~5 组。

### 4. 打靶练习

1）快速双飞或横踢踢靶或踢护具，可以行进中打或后退打。数量为 50~100 次 / 组。做 3~5 组，组间休息 1~2 分钟。

要求：出腿频率要快，动作连贯不可停顿。

2）原地或行进中单腿横踢踢脚靶（50 次，40 次，30 次，20 次，10 次）递减法，或（10 次，20 次，30 次，40 次，50 次）递增法。

要求：规定时间内完成，动作速度要快，频率要快。

### 5. 反应打靶练习

两人一组，一人在移动中任意出靶，练习者快速反击进行击打。1~2 分钟一组，每组间歇 30 秒~1 分钟，做 3~6 组。

## 三、耐力训练的注意事项

1. 要根据练习的要求，合理地安排运动量、训练强度和间歇时间。

2. 训练时，所选择的耐力训练内容要与专项结合进行，使练习者适应跆拳道比赛对抗激烈、强度大的特点，结合跆拳

道基本技术，发展符合跆拳道所需要的专项耐力。

3. 增加力量练习的次数，是发展肌肉耐力的一个有效方法。保持减轻练习的负荷，增加练习的重复次数和时间，是发展肌肉耐力的较好方法之一。

4. 耐力的训练既是身体的训练也是对练习者意志品质的锻炼过程。在耐力训练时，除要用各种方法进行练习外，还要求练习者要有吃苦耐劳、坚韧不拔的意志品质。

## 第四节　力量训练

力量素质是掌握运动技术，提高运动成绩的基础。在竞技跆拳道训练中，对腿、腰、腹、背的训练要求较高，但上肢力量的练习作为辅助也是不可缺少的。

### 一、最大力量训练的常用方法

训练思路：发展最大力量练习的主要目的是提高力量素质，增强比赛中的对抗能力和击打能力。多采用器械的练习方法。

要求：最大力量练习时，要根据本人的实际情况，切不可急功近利，否则容易造成损伤。练习次数不宜过多，一般每周1~2次为宜。

#### 1. 发展上下肢最大力量的常用方法

1）卧推杠铃：仰卧在长凳上做卧推杠铃动作。（图4–13①②）

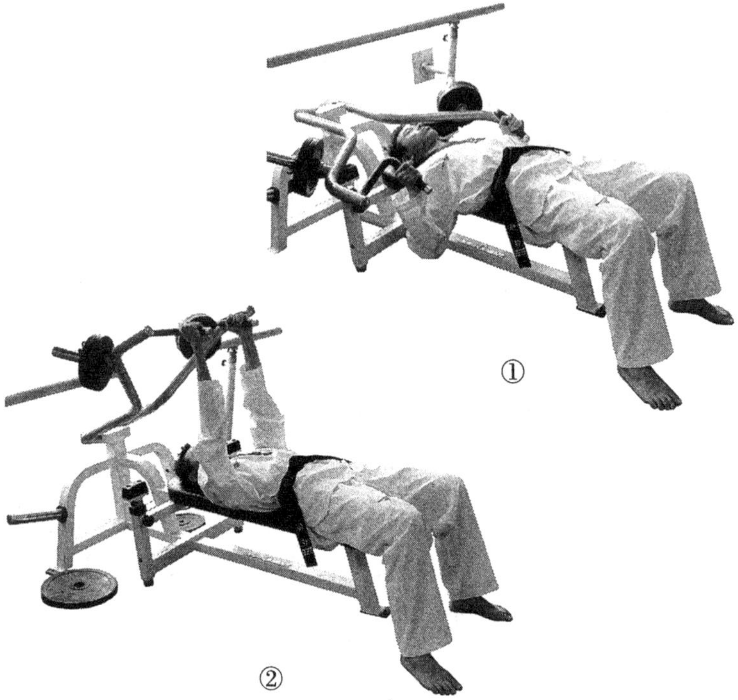

图 4-13

2）俯卧撑：如没有杠铃可做俯卧撑练习。（图 4-14①②）

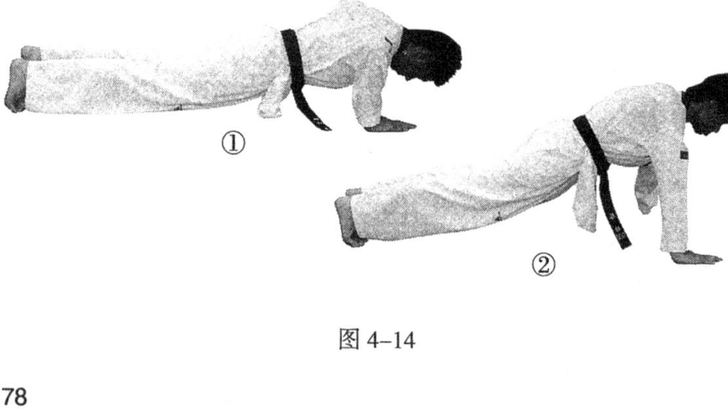

图 4-14

3）负重深蹲：肩扛杠铃（或重物），做深蹲起练习。(图4–15①②)

①

②

图 4–15

4）蛙跳练习：屈膝全蹲，双腿蹬地连续向前跳跃。（图 4-16①②）

①　　②

图 4-16

## 2. 发展腰腹肌最大力量的训练方法

1）仰卧起坐：在器械上或在同伴的帮助下做仰卧起坐练习。（图 4-17①②）

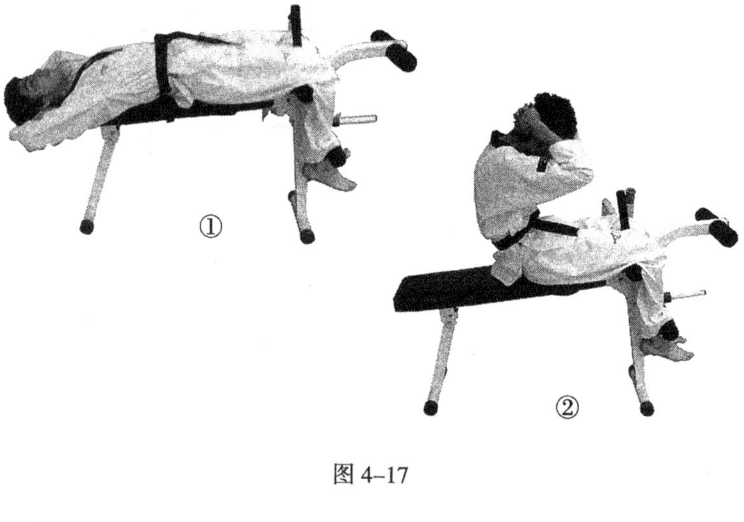

①　　②

图 4-17

2）俯卧体后屈练习：在器械上或在同伴的帮助下做俯卧体后屈练习。（图 4–18①②）

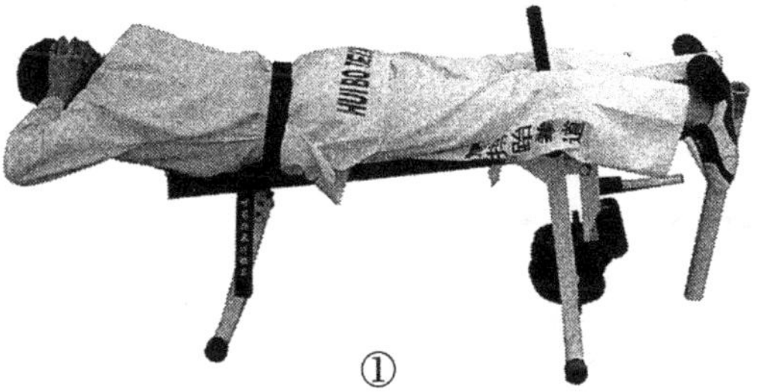

①

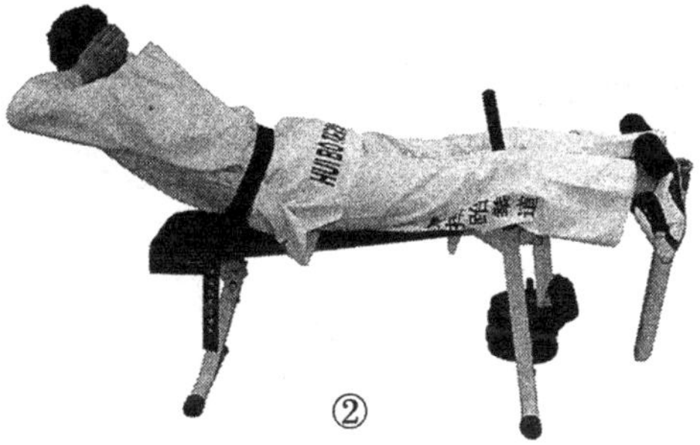

②

图 4–18

3）肋木垂悬举腿：双手抓住肋木或单杠做举腿动作。（图 4–19①②）

①

②

图 4-19

### 3. 发展全身最大力量练习

抓举杠铃或负重弓步跳练习。（图 4-20①②）

①　　　　②

图 4-20

## 二、速度力量训练的常用方法

### 速度练习

**训练思路：** 速度训练是跆拳道身体训练的重点内容之一。速度训练的主要目的是克服阻力、提高技术动作的速度。小力量训练方法在训练中常被采用，即采用最大肌肉力量的 60%~70%，在较好的身体状况下，以最快的速度完成。训练中一般采用皮条或小沙袋作为辅助器械。

**要求：** 采取负重练习或皮条练习时，要注意动作路线的正确性，不能变形。

### 1. 皮条练习

脚踝绑上皮条做各种腿法练习（图 4–21），如：横踢、侧踢、后踢等。

图 4–21

### 2. 小腿绑上沙包做腿法练习

小腿绑上沙包做各种腿法练习（图 4–22），内容同上。

图 4–22

### 三、力量训练的注意事项

1. 进行力量训练时，应使身体局部力量、整体力量、发展大肌肉群和发展小肌肉群力量的训练结合起来。

2. 合理地安排训练负荷，科学地进行调整。发展最大力量应采取强度大、重复次数少的练习方法。发展速度力量应采取中等重量、快速度、多次数的方法，要求在最短时间内发挥最大力量。

3. 进行强度较大的力量训练时，要注意肌肉的放松与调整，防止肌肉僵化，提高肌肉弹性。刚开始训练的人每周安排3次效果较好。

## 第五节　灵敏、协调训练

灵敏、协调素质训练是跆拳道训练中非常重要的环节之一。它是在各种复杂变化的条件下，运动员迅速、合理、敏捷、协调准确地完成各种动作的能力。灵敏协调素质是运动员反应速度、动作速度等的综合表现。

### 一、练习方法

#### 1. 防守练习

两人一组，一人手拿脚靶或护腿向练习者身体的各个部位进攻，练习者防守或躲闪。

### 2. 听信号做动作

1）练习者快速向前跑，听到教练员或同伴的信号后快速转身跑。跑的距离应在 20~30 米。

2）练习者做转体 360°跳数次，听到教练或同伴的信号后向前冲刺跑。

3）练习者趴在地板上或盘腿坐好，听到教练员或同伴的信号后快速起立冲刺跑。

### 3. 巧摸肩、头、腹部练习

两人站在一定范围的场地内，做一对一的巧摸对方肩部、头部及腹部练习。

### 4. 技术组合练习

将不同的技术组合在一起，进行组合练习，锻炼练习者的灵敏、协调能力。如左横踢→后腿双飞→后旋踢（关于组合技术可参考本书战术性技术组合一章）。

## 二、灵敏、协调素质练习时应注意的事项

1. 灵敏、协调素质练习要和其他素质练习结合进行。因为灵敏协调素质的发展与其他素质的发展有着密切的关系，有时一项内容的练习有多项内容的练习效果。

2. 要注意灵敏协调素质的训练时间不宜过长。过长会影响练习的效果，训练中，一般安排在训练课的准备活动中或与其他素质练习同时进行。

3. 灵敏协调练习不仅在基础训练时要安排进行，而且要贯穿到整个训练过程中。在不同的训练阶段都要适当安排灵敏、协调素质训练，因为发展灵敏协调素质对掌握和改进技术动作有主要的作用。

4. 练习时，可选用多种练习方法，以增加练习者的练习兴趣。